DUBAÏ
ABU D

« Construisez et ils viendront ». Cette intuition clairvoyante du Sheikh Rashid bin Saeed Al Maktoum se récite depuis comme un mantra guidant Dubaï vers son destin phénoménal, celui d'un émirat en quête d'émancipation et de reconnaissance. Chahutant au fil des ans quelques tabous conservateurs, la jeune insolente du Moyen-Orient ne rougit pas non plus, outre-mer, de sa réputation controversée attirant ploutocrates et autres spécimens désireux d'ascension tapageuse. Cité de paradoxes et de records battus, moquée ou jalousée pour le pire et pour le meilleur, Dubaï l'Ambitieuse est insatiable. Avant-gardiste, sans limites, trépidante mais aussi accueillante, elle a su conserver ses traditions arabes et son hospitalité légendaire tout en jonglant avec modernité et ouverture sur le monde. Son credo pour vous charmer ? L'exubérance !

Souk aux épices, quartier de Deira

LES INCONTOUR-NABLES

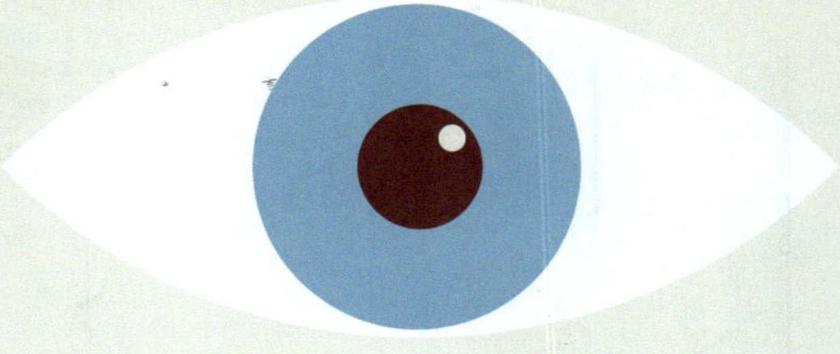

La Creek et les souks de Deira

Épine dorsale de la ville originelle et du négoce maritime, la Creek de Dubaï est en mouvement perpétuel. Depuis Bur Dubai, elle se traverse en *abra*. Sur l'autre rive s'étendent Deira et les autres souks. Des épices, du parfum et de l'or ! Voir p. 26 et 38.

Al Fahidi Fort-Dubai Museum

Aménagé dans le fort Al-Fahidi, ce musée proposait un prélude initiateur à l'histoire de Dubaï. Actuellement fermé pour une période indéterminée, vous aurez l'occasion de l'apercevoir depuis la rue. Voir p. 24.

Bur Dubai

Découvrez le Dubaï historique : Bur Dubai foisonne de petits trésors, un souk et des bazars colorés, des galeries d'art, des cafés surplombant la Creek, des demeures typiques reconverties en musées... Loin des gratte-ciel, le dépaysement est assuré. Voir p. 20.

Burj Khalifa

C'est toujours la plus haute tour du monde, culminant à 828 m pour un total de 160 étages habitables ! L'ascension « At the top » jusqu'aux 124e et 125e étages est théâtrale. Pour une visite plus VIP, vous monterez jusqu'au 148e étage... Une vue à couper le souffle pour admirer la ville à 360 °, jusqu'à 95 km à la ronde ! Voir p. 64.

Dubai Fountain

Un spectacle eau, sons et lumières unique et inoubliable ! Ce ballet envoûtant de fontaines qui tourbillonnent et serpentent au rythme de musiques iconiques a lieu tous les jours. Pour se joindre à la danse, la façade de Burj Khalifa s'anime de projections d'images trépidantes. Hypnotisant ! Voir p. 68.

Le quartier de Dubai Marina - JBR

Haut lieu de villégiature où des tours étourdissantes bordent une marina et un front de mer aménagés pour toutes les envies. Un pont piétonnier relie aussi ce quartier animé à l'île Bluewaters, berceau de la grande roue Ain Dubai. Voir p. 122.

Madinat Jumeirah

Le complexe de loisirs de Madinat Jumeirah a de quoi séduire, surtout le soir : un village et un souk traditionnel reconstitués pour se balader, faire un tour en abra, manger au bord de l'eau avec vue sur les canaux ou le Burj al-Arab… Voir p. 101.

Dubai Mall et Mall of the Emirates

Pour une virée shopping ou juste par curiosité, ne ratez pas ces deux temples de la consommation. Dubai Mall est le centre commercial le plus grand et le plus visité au monde. Et pour dévaler une piste de ski aux portes du désert, direction Mall of the Emirates ! Voir p. 66 et 122.

Palm Jumeirah et l'Atlantis

Érigé telle une forteresse fière et conquérante, l'hôtel-attraction Atlantis embrasse le golfe Persique et l'archipel artificiel de Palm Jumeirah. Une nouvelle tour The View lui fait désormais face, narguant les cieux à plus de 240 m de hauteur. Voir p. 136 et 137.

Museum of the Future

Il se murmure que c'est le plus bel édifice du monde. Une expérience visuelle et sensorielle vers le futur, en 2071 exactement, au sein d'une architecture remarquable. Voir p. 49.

Le sable des Émirats

Camper sous les étoiles, faire une virée en 4×4 sur l'infinité des dunes ou du paddle à Kite Beach, la plage cool de Dubaï… Un séjour aux ÉAU ne serait pas complet sans une excursion sur l'immensité de ses sables, côté mer ou côté désert ! Voir p. 153.

Le Louvre Abu Dhabi

Dans le sublime écrin créé par Jean Nouvel, le Louvre Abu Dhabi a réussi à s'imposer comme le nouveau phare culturel des Émirats. Réunissant différentes civilisations et œuvres d'art, il éclaire remarquablement l'histoire commune de l'humanité. Voir p. 169.

La mosquée Sheikh Zayed à Abu Dhabi

La grande mosquée Sheikh Zayed honore les valeurs religieuses des ÉAU. Un trésor d'architecture où fusionnent des éléments de style mamelouk, ottoman et fatimide pour un résultat harmonieux et résolument moderne. Voir p. 164.

EXPÉRIENCES UNIQUES

Assister à une course de dromadaires…

… et se plonger ainsi dans l'ambiance locale, à Al Marmoom Camel Racetrack, sur la route d'Al Ain (p. 162-163).

Voir Dubaï et les Émirats depuis le ciel…

… en survolant le désert en montgolfière aux premières lueurs de l'aube (p. 196) ou en sautant en parachute au-dessus de la Palm Jumeirah (p. 134).

Prendre un repas à la table d'un Émirien…

… et lui poser des questions sur tous les sujets possibles et imaginables, au Sheikh Mohammed Centre for Cultural Understanding (p. 23).

Se laisser glisser en *abra*…

… pour admirer l'architecture du vieux Dubaï depuis la Creek, parmi de modestes travailleurs ou parfois des hommes d'affaires en costume. Le soir, privatisez le bateau pour voir la ville s'illuminer au coucher du soleil (p. 27).

S'envoler comme un oiseau ◀

Il vous faudra avoir le cœur bien accroché pour oser vous élancer de cet immeuble de 42 étages et emprunter la XLine, une tyrolienne de 1 km de long. Une descente vertigineuse et inoubliable au-dessus de la marina (p. 134).

▼

Découvrir des trésors culinaires...

... en déambulant dans les vieux quartiers de Dubaï et dans les souks aux épices (Frying Pan Adventures, p. 43).

Emprunter un pont de verre à Dubai Frame... ◀

... et avoir l'impression de marcher dans le vide ! Vue panoramique à 360° pour admirer tous les quartiers de la ville et ses horizons infinis (p. 53).

Galoper dans les dunes ◀

Et si vous montiez à cheval plutôt que sur un dromadaire ? Marion Glatigny vous escorte sur les terres d'Al Ruwayyah pour 2h de chevauchée fantastique, à seulement 25 min du centre-ville. Une randonnée hors du commun (p. 160).

Méditer en plein ciel

Sur le toit d'une paisible villa entourée d'un magnifique jardin, le café-librairie SEVA Experience propose d'alterner les postures de yoga au rythme du gonging avec, à l'horizon, les tours majestueuses de la cité (p. 84).

▲

▼

Approcher le musée du Louvre en kayak

Changez de perspective, et observez le Musée du Louvre depuis la mer. Devenez incollable sur les secrets de son architecture tout en pagayant tranquillement. Un point de vue unique sur les arts ! (p. 169).

NOS ADRESSES COUPS DE CŒUR

Villa 515

À l'abri des regards dans une cour arborée, ce café-parfumeur est « encore » un peu secret.

Voir p. 101, Jumeirah, Umm Suqeim.

The London Project

Un incontournable au pied d'Ain Dubai, avec une vue imprenable sur JBR, un sans-faute assuré !

Voir p. 125, Dubai Marina et JBR.

French Riviera Beach

Sur la plage du palace de l'Al Qasr, un restaurant-signature orienté vers le Burj Al-Arab.

Voir p. 102, Jumeirah, Umm Suqeim.

Monkey Bar

Ambiance jungle et cocktails Tiki pour ce bar surplombant l'incroyable Museum of the Future.

Voir p. 57, DIFC et Zabeel.

Monkey Bar

Cé La Vi

Probablement l'un des plus beaux points de vue sur le Burj Khalifa, *infinity pool* en prime.

Voir p. 74, Downtown Dubai et le Burj Khalifa.

Jetty Lounge

Indémodable, le célèbre bar de plage reste une valeur sûre des nuits dubaïotes.

Voir p. 131, Dubai Marina et JBR.

The Collective by Ripe

La pépite des créateurs et son café aux airs de Riad sont à découvrir absolument.

Voir p. 116, Al Quoz et Alserkal Avenue.

Villa Margot

Villa 515

Daiso

Un bazar japonais à prix mini, tout ou presque est à 7,35 Dhs !

Voir p. 76, Downtown Dubai et le Burj Khalifa.

Villa Margot

Café, boutique, fleuriste, pâtisseries de chef… dans une villa charmante et intimiste.

Voir p. 91, Jumeirah et Satwa.

UN GRAND WEEK-END SUR MESURE

Nous avons découpé la ville en 9 quartiers et proposons 2 escapades dans les environs. Évidemment, en trois jours, vous ne pourrez pas faire toutes ces balades. Alors suivez notre programme pour voir l'essentiel et prendre le pouls de la ville, et à vous de voir si vous voulez remplacer telle visite par une autre en fonction de vos centres d'intérêt...

J1

Matin

Faites vos armes à Bur Dubai (quartier 1) pour un voyage dans la vie d'antan en rejoignant les rues historiques d'Al Bastakiya et ses maisons restaurées. Admirez au passage le fort Al-Fahidi, Dubai Museum (temporairement fermé pour rénovation).

Midi

Pause-déjeuner dans la cour ombragée du XVA Gallery Art Café ou à l'Arabian Tea House.

Après-midi

Direction Hindi Lane, une ruelle étroite qui vous transportera en Inde le temps de quelques foulées. Elle vous mènera ensuite directement à l'Old Souk et à la voie piétonne longeant les quais de la Creek. Prenez un *abra* afin de rejoindre Deira (quartier 2). Égarez-vous dans ses souks, osez marchander et mangez des beignets pimentés dans ses allées !

Soir

Le soir, retournez dans le quartier 1 à Al Seef et profitez du charme magique d'un dîner à proximité de la rive.

J2

Matin

Démarrez *piano* par un café le long de la plage colorée de La

Mosquée de Jumeirah

Mer (quartier 5). Puis visitez selon vos envies la mosquée de Jumeirah, le musée Etihad ou ressourcez-vous dans l'incroyable écosystème d'une forêt tropicale reconstituée à The Green Planet.

Midi

Rejoignez ensuite le souk Madinat (quartier 6) et déjeunez paisiblement le long des canaux. Vous trouverez des kiosques à souvenirs et des restaurants cosmopolites, avec vue, pour la plupart, sur le Burj al-Arab.

Après-midi

Passez le reste de l'après-midi à Downtown en flânant à Dubai Mall (quartier 4).

Soir

À l'heure du coucher de soleil, filez au sommet du Burj Khalifa. Pour finir, offrez-vous un bon dîner de star sur la promenade, devant les fontaines de la mythique tour.

J3

Matin

Pour une entrée en douceur vers les profondeurs de l'Atlantis, empruntez le monorail de Palm Jumeirah (quartier 9). Il donne un point de vue unique sur l'île de milliardaires et ses villas de rêve. Visitez l'aquarium onirique de l'hôtel dans une ambiance *Mille et Une Nuits !*

Midi

Déjeunez sur place ou dirigez-vous jusqu'à The Pointe pour un plus large choix de restaurants.

Après-midi

Après-midi shopping ou *farniente* au pied des gratte-ciel à The Beach JBR (quartier 8). Les plus téméraires iront tester la roue majestueuse Ain Dubai.

Soir

Finissez en beauté à la marina et partez dîner sur un *dhow* traditionnel en bois, magique au moment du crépuscule.

Nos conseils de visite

Prévoyez de quoi vous couvrir pour visiter les sites religieux mais aussi pour vous prémunir de l'utilisation parfois excessive de la climatisation. Le vendredi est un jour de prière, ne vous laissez donc pas surprendre par la fermeture de certains sites, notamment le matin. Enfin adaptez vos choix de visites en fonction des fortes températures, particulièrement l'été.

SI VOUS PROLONGEZ VOTRE SÉJOUR

Vous connaissez déjà les incontournables de Dubaï ou vous prolongez votre séjour ? Découvrez d'autres sites majeurs, explorez les quartiers plus excentrés ou partez à la découverte des Émirats.

City Walk

De Satwa à City Walk (quartier 5)

Satwa, quartier populaire, où toutes les communautés se côtoient, est la balade idéale pour dénicher des objets hétéroclites et bon marché sans s'éloigner de Downtown. Tissus, mercerie, souvenirs, bric-à-brac et de quoi vous restaurer sans vous ruiner.

Plus au sud, rejoignez City Walk, un quartier récent chic et commerçant au contraste saisissant. L'originalité du lieu tient à son ambiance de village branché articulé autour de rues piétonnes décorées à la mode londonienne. Les murs sont couverts de fresques d'artistes avec le Burj Khalifa en toile de fond.

D'Al Quoz à Dubai Design District (quartiers 4 et 7)

Pour vous immerger dans le Dubaï arty, loin des touristes, rendez-vous dans les hangars industriels d'Al Quoz. Alserkal Avenue en est le fleuron, pépinière d'artistes dont les allées dépouillées accueillent des galeries d'art, un cinéma d'art et d'essai et des artisans talentueux. Tout à côté, vous pourrez aussi visiter l'aînée de ce faubourg, Courtyard, une cour ombragée pleine de surprises et de cafés branchés. Plus excentré et plus affairé, le quartier D3 mérite aussi le détour si vous penchez pour le design, l'architecture et la mode.

Autour de Dubaï : les Émirats insolites (visite 10)

S'aventurer hors des sentiers battus est aisé, le pays étant réputé pour sa sécurité. De nombreuses activités incroyables vous attendent aux portes du désert. Réservé aux lève-tôt, le vol en montgolfière est une expérience grisante où vous apprécierez le calme d'un instant hors du temps. Les safaris et les camps de nuit dans le désert sont aussi très appréciés, de plus en plus d'organisateurs jouant la carte *eco-friendly*. Enfin, la découverte des montagnes et de ses wadis plaira aux amateurs de treks.

Dernière possibilité : offrez-vous une excursion à **Abu Dhabi** (Visite 11) !

Abu Dhabi

VISITES PAR QUARTIER

Burj Khalifa

À SAVOIR

Visiter Dubaï

Nous avons découpé Dubaï en 9 quartiers, que vous pourrez pour certains visiter à pied. Mais il sera souvent indispensable d'emprunter les transports en commun, le taxi ou même d'envisager une location de voiture pour s'y déplacer plus librement. Les routes sont moins impressionnantes qu'il n'y paraît et il est très facile dans l'ensemble de s'y garer. Les pistes cyclables sont de plus en plus nombreuses, avec des bornes à disposition et des vélos électriques disponibles en quelques clics.

Madinat Jumeirah

Lire les cartes

Chaque visite est accompagnée d'un plan détaillé sur lequel nous avons placé tous les **points d'intérêt** du quartier. Les **pastilles de couleur** indiquent nos bonnes adresses de restos, de bars et de boutiques. Le numéro de la pastille colorée correspond à celui attribué à chacune des adresses. Reportez-vous au chapitre concerné pour lire la notice de l'établissement.

Réservations et conseils

Pour être sûr des disponibilités et gagner du temps sur place, pensez à réserver vos visites en ligne afin d'éviter les files d'attente. Certains sites proposent des tickets *last minute* ou *early bird* (tarifs réduits à l'avance). Vérifiez toujours les conditions d'annulation.

Dubai International Financial Centre

Se déplacer

Le transport le plus accessible reste le métro. La Nol Card, rechargeable, est très pratique et s'utilise aussi dans le tramway, les bus et les bateaux-bus. Certains sites sont éloignés des stations : vérifiez toujours vos itinéraires, surtout pendant les périodes de fortes chaleurs. La voiture est incontournable, et le réseau routier est excellent, y compris hors de la ville. Évitez comme partout les heures de pointe. Le taxi est une bonne solution, relativement bon marché et sans surprise au compteur.

Infos Covid-19 ⚠

Compte tenu du contexte sanitaire, de nombreux sites et adresses sont amenés à restreindre leurs horaires d'ouverture et à s'adapter à la situation. Bien se renseigner avant sa visite.

Pour s'informer sur la situation et les mesures en cours :

https://www.ncema.gov.ae

https://www.dha.gov.ae/en/Covid19/Pages/Coronavirus.aspx

Gratuité

Pour les seniors et les enfants, les billets sont parfois gratuits ou à prix réduits. Quelques activités en accès libre : Dubai Fountain, Madinat Jumeirah, Courtyard, les plages publiques, le Jameel Arts Centre, la mosquée Al Farooq Omar Bin Al Khattab, le Museum of the Poet Al Oqaili...

Communiquer

Si l'arabe est la langue officielle, l'anglais reste le moyen le plus répandu pour communiquer dans les Émirats. Assumez sans complexe votre accent, ici 89 % des résidents sont expatriés, la langue de Shakespeare n'est donc pas toujours *so british* et sa prononciation souvent atypique..

BUR DUBAI, LA CREEK ET L'OLD SOUK

1

Partez à la découverte de Bur Dubai, son souk, sa Creek, ses musées, son architecture traditionnelle. Toute cette effervescence saura vous séduire et vous donnera un bel aperçu de l'histoire de cette ville, là où tout a commencé il y a un peu plus de deux siècles... Ce quartier se visite à pied, c'est pourquoi il est préférable de le sillonner en matinée ou en fin de journée selon les températures.

Al Seef

1 Quartier historique Al Fahidi - Al Bastakiya✦✦✦

Al Fahidi Historical Neighborhood, aussi nommé Al Bastakiya, est le quartier historique incontournable de Dubaï. Le plus pittoresque et le plus ancien de ses villages, bâti au XIXe s. au bord de la Dubai Creek, invite à la flânerie avec ses venelles étroites couleur sable. Galeries d'art, micro-musées et *guest houses* vous donneront envie de vous poser pour boire un café. L'occasion de découvrir l'héritage et la culture émirienne et de prendre un bol d'air le week-end dans un quartier hors du temps à l'ambiance très orientale, tout droit sortie d'un conte des *Mille et Une Nuits*.

L'héritage perse

Grands commerçants du textile et de la perle, les Perses migrèrent à Ras el-Khaïmah (l'un des sept États émiriens) pour son impressionnant marché portuaire. Puis, à partir du XIXe s., les Maktoum mirent en place à Dubaï

Al Bastakiya

des accords douaniers, poussant les commerçants perses à venir s'installer à Dubai Creek. En 1845, les Perses commencèrent à développer ce quartier qu'ils baptisèrent Al Bastakiya, du nom de leur village en Iran, Bastak. Ils choisirent cet emplacement pour bâtir leurs maisons faites de pierres calcaires, de gypse, de teck, de bois de santal et de feuilles de palmier. Vous pourrez observer les *barjeel*, ces très belles tours à vent remarquablement restaurées et témoins de ce riche passé. Elles servaient à ventiler le bâtiment par un système d'aspiration de l'air chaud, en l'expulsant vers l'extérieur.

Place au progrès

Dans les années 1960, alors que Dubaï est toujours sous protectorat britannique, la découverte de réserves de pétrole engendra un important développement économique. L'exploitation de l'or noir modifia la structure de la ville et conduisit à la destruction partielle du quartier historique, laissant place à des buildings et des bureaux. En 1989, le gouvernement entreprit la restauration d'une cinquantaine de bâtiments de l'ancien village d'Al Bastakiya, qui reste un passage obligé de la ville pour toute personne souhaitant s'imprégner de la douceur de vivre orientale. Perdez-vous sans hésiter dans ce charmant labyrinthe de ruelles étroites, osez entrer dans

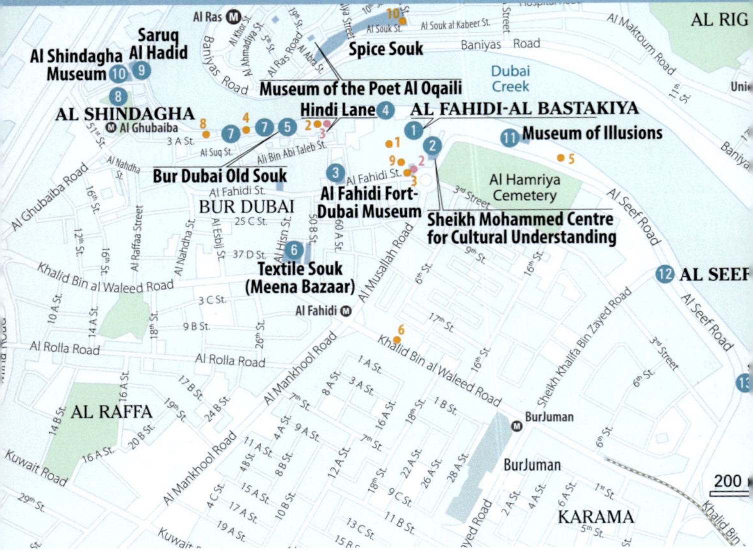

les maisons aux portes massives, la plupart sont ouvertes au public.

Le berceau de l'art émirien

Le centre historique d'Al Bastakiya s'est peu à peu transformé. Les premières galeries d'art du pays choisirent de s'installer dans ce quartier emblématique pour faire rayonner l'art émirien. Aujourd'hui encore on y trouve quelques galeries d'art, des studios et des résidences d'artistes. Tous les ans, en mars, s'y déroule Sikka, la grande exposition d'art contemporain arabe qui a pour but de promouvoir de jeunes talents (voir p. 202).

À l'angle de Al Fahidi Street et d'Al Musallah Road • M° Sharaf DG • ☎ 04 515 5000 • www.dubaiculture.gov.ae • Visites Culturelles : Lun.-jeu. 8h-15h, ven. 8h30-11h30 • Accès libre.

2 Sheikh Mohammed Centre for Cultural Understanding✦✦

Ce centre culturel créé en 1998 par le souverain de Dubaï, le Sheikh Mohammed bin Rashid Al Maktoum, s'efforce d'éliminer les barrières culturelles et de faire connaître aux étrangers les traditions et coutumes des Émirats arabes unis. Ce lieu facilite et crée ainsi des rencontres entre Émiriens et visiteurs. Réservez à l'avance votre petit déjeuner, déjeuner ou dîner dans cette maison traditionnelle. Assis en tailleur, vous voilà l'hôte d'un Émirien ouvert à toutes vos questions.

House 26, Al Musallah Roundabout • M° Sharaf DG • 04 353 6666 • www.cultures.ae • Contact bureau : Lun.-jeu. 8h-15h, ven.-dim. 8h-12h • Petit déj : lun et mar. 9h (90 min, 120 Dhs); déjeuner : lun.-jeu. 13h (90 min, 130 Dhs); dîner : t.l.j. 18h30 (90 min, 150 Dhs) • Résa obligatoire.

3 Al Fahidi Fort - Dubai Museum+++

Attention ! Des travaux de rénovation ont été entrepris, le musée est fermé pour une durée indéterminée. À cette annonce en janvier 2021, le prince héritier Sheikh Hamdan a déclaré que le bâtiment était un témoin historique de la transformation de l'émirat et qu'il était vital de le préserver pour les générations futures. Vous pourrez néanmoins admirer son architecture depuis la rue, si vous passez par ce quartier. Voici quelques mots d'histoire sur l'édifice admirable qui l'accueillait jusqu'alors… le **fort Al Fahidi**.

Al Fahidi Fort

Le fort

Érigé pour sa partie la plus ancienne en 1787, il permettait de protéger les approches terrestres et côtières de raids éventuels,

Pour une pause arty au XVA Gallery Art Café

Cette maison traditionnelle élégante et paisible, qui appartenait à la grande famille émirienne Seddiqi, a été reconvertie en 2003 en hôtel-boutique-galerie d'art. Idéal pour une pause au calme après l'effervescence des souks. Niché dans une cour ombragée, le café propose un *mint lemonade* savoureux et des mets végétariens simples et délicieux, à déguster entouré de sculptures et d'œuvres d'artistes.

1 House 14 et 46, Al Fahidi Street, face à Al Musallah Post • M° Al Ghubaiba ou Sharaf DG • 04 353 5383 • www.xvagallery.com • T.l.j. 7h-22h • Jus : 25 Dhs; café : 18,50 Dhs; repas à partir de 37 Dhs.

assurant ainsi la sécurité maritime de la région. Il abritait notamment les unités de la garnison et une prison. C'est, dit-on, le plus ancien bâtiment historique de la ville encore debout. Il servit de lieu de résidence aux souverains jusqu'en 1896. Après une restauration majeure, il fut transformé en musée sous l'égide de son propriétaire, le Sheikh Rashid bin Saeed Al Maktoum, l'année même de la signature de la fédération des Émirats arabes unis en 1971. Bien plus tard en 1995, un musée souterrain fut ajouté à l'ancien fort Fahidi. L'exposition retraçait les origines de la ville, l'histoire de l'industrie perlière, de la pêche et l'expansion phénoménale de la région au cours des dernières années. Il assurait aussi la transmission de l'héritage culturel du pays. La date de sa réouverture et les futurs aménagements envisagés demeurent, à ce jour, un secret bien gardé.

19 Street, Al Fahidi Creek Rive Gauche
• M° Al Ghubaiba ou Sharaf DG
• F. temporairement.

4 Hindi Lane✦✦

C'est un lieu un peu secret qu'il faut savoir trouver, une étroite ruelle piétonne logeant les deux principaux temples hindouistes de Dubaï. On s'y déplace en rasant les murs pour laisser s'écouler la file continue de dévots et de marchands. Ce passage animé par les échoppes indiennes assure un réel dépaysement. Musique, encens et parfums, offrandes religieuses et guirlandes de fleurs… tout y a la saveur de l'Inde spirituelle.

Face à l'entrée d'Al Fahidi Fort, partez du trottoir opposé vers la droite jusqu'à l'angle de la rue Ali Bin Abi Taleb, qui contourne le musée. Continuez alors tout droit dans la ruelle piétonne, derrière le Shiva Temple.

5 Bur Dubai Old Souk✦✦✦

Construit au début du XIXe s., il est considéré comme l'un des plus anciens souks de Dubaï. Les travaux de restauration montrent la volonté de la ville de valoriser son patrimoine et d'évoquer son charme d'antan.

Pause avec vue au Mazmi Coffee & More

C'est une histoire d'*amore* qui a mené Ilaria sur les rives de la Creek. Une rencontre avec Mohamed Mazmi et très vite, l'idée d'ouvrir un café-bed & breakfast chic et accueillant, fusionnant la culture émirienne et italienne. Vous y trouverez une âme, de la créativité culinaire mixant des saveurs d'Orient et d'Italie et un savant mélange de design et d'esprit nomade. Essayez le houmous à la tomate (30 Dhs) et le gelato karak-chai (13 Dhs).

2 Textile Souk, Creekside • M° Al Ghubaiba ou Sharaf DG
• ☎ 04 282 7252 • www.mazmi.me • T.l.j. 8h-20h.

Une belle charpente en bois vous protège des rayons du soleil et tout y est bien ordonné dans ses allées propres et colorées. Il est réputé pour ses grossistes de textiles, ses marchands de pashminas, foulards orientaux, babouches, maroquineries … Sachez éconduire les vendeurs de contrefaçons parfois pressants et vérifiez la qualité des produits avant d'acheter.

Al Souq, à l'angle de la 34th et la 3A Street • M°Al Ghubaiba ou Sharaf DG • Sam.-jeu. 9h-22h, ven. 16h-22.

6 Textile Souk (Meena Bazaar)✦

Surnommé également Souq Al Kabeer, ce quartier commercial et résidentiel est prisé des communautés populaires. C'est ici qu'on trouve toutes les denrées et les marchandises à bon marché, en provenance de toute l'Asie. Beaucoup d'étoffes, de bijoux, d'épices et de bibelots achalandent à profusion des échoppes et bazars bigarrés. Parfait pour rapporter des coupons de tissu, pacotille et souvenirs à prix modiques.

Al Souk Al Kabeer: autour d'Al Hisn Street • M°Al Ghubaiba ou Sharaf DG • T.l.j. 9h-22h.

7 Promenade en *abra*✦✦✦

En arabe, *abara* ou *aberah* signifie « traverser, transition ». Ce terme a donné son nom à la modeste embarcation de bois avec moteur,

Textile Souk

moyen le plus pratique et le plus utilisé pour traverser la Creek d'une rive à l'autre. Le voyage ne dure que quelques minutes, mais on profite d'une vue très éclectique sur les minarets, les tours à vent et les *dhow*, ces vieux bateaux de négoce en bois azuré en partance pour le détroit d'Ormuz et le Golfe d'Oman. Il est aussi possible de privatiser l'*abra* pour remonter la Creek en famille ou en amoureux.

Sur les quais, 3A Street et le long de Bur Dubai Old Souk • M° Al Ghubaiba ou Sharaf DG • Entre Bur Dubai Station et Deira Old Souq Station : t.l.j 6h-minuit; entre Dubai Old Souq Station et Al Sabhkha Station : t.l.j 24/24 • www.rta.ae • Tarifs : 1 Dh; privatisé 120 Dhs/h.

8 Quartier historique Al Shindagha✦✦✦

Après une longue restauration, l'autre secteur historique de Bur Dubai a fait peau neuve. Vaste et étiré, encore en cours d'aménagement, ce lieu est légèrement boudé par les touristes, alors allez-y! Situé le long de la Creek (vers son embouchure), vous trouverez parmi son dédale de rues homogènes de nombreux musées dissimulés au cœur d'antiques maisons. Les origines du quartier remonteraient vers 1860, et il a subit un regain d'activités vers 1912, lorsque la famille régnante l'Al Maktoum s'y installa. Visitez en priorité le musée d'archéologie Saruq Al-Hadid, et Al Shindagha Museum. Ce dernier abritant plusieurs expositions, il permet pour seulement 15 Dhs de visiter une vingtaine de maisons dont la demeure historique Al Maktoum Residence. Évitez le mardi car tous les sites ne sont pas ouverts.

Al Ghubaiba Road/Al Khaleej Street • M° Al Ghubaiba.

9 Saruq Al Hadid✦✦

Le saviez-vous? Les premières traces de vie dans la région remontent à l'âge de pierre, il y a plus de cinq mille ans, à une ère où l'on pensait que les hommes ne travaillaient pas encore le métal et

Al Seef

où le climat de la péninsule était alors beaucoup plus vert, frais et humide. Ce musée dont le nom signifie « le chemin du fer » conte l'histoire d'un site archéologique admirable découvert par hasard en 2002, entre les montagnes Hajar et le désert Rub al-Khali. Des outils, des armes en bronze, des bijoux en or, des ossements, mais aussi une fonderie en avance sur leur temps… La richesse des trouvailles est inestimable et témoigne de l'activité humaine à Saruq Al-Hadid. En hommage à cette civilisation méconnue, l'un des bijoux retrouvés a inspiré le logo de l'Exposition universelle Dubai Expo 2020.

Al Ghubaiba Road/Al Khaleej Street • M°Al Ghubaiba • ✆04 359 5612 • www.dm.gov.ae/discover-dubai/saruq-al-hadid/ • Lun.-jeu. 7h30-19h, ven. 9h-17h • Entrée : 20 Dhs.

10 Al Shindagha Museum✦✦✦

Le musée Al Shindagha participe à un vaste projet « in progress » qui vise à transformer le quartier en une destination culturelle de premier plan, associant son identité et son architecture traditionnelle à un cadre moderne. Il raconte l'histoire universelle de l'innovation humaine et du désir de progrès qui a façonné le Dubaï d'aujourd'hui. L'originalité du lieu tient à sa configuration unique au cœur du secteur historique d'Al Shindagha. Le pavillon d'accueil est un préambule au programme de visite, un parcours initiatique menant vers des demeures restaurées parées d'une porte grise contemporaine, chacune offrant sa propre thématique. Point culminant de la visite, Al Maktoum Residence plonge le visiteur dans l'essentiel de la culture émirienne et ses origines, la demeure du clan Al Maktoum et son patriarche visionnaire le Sheikh Saeed.

Al Ghubaiba Road/Al Khaleej Street • M°Al Ghubaiba • ✆800 33222 • https://alshindagha.dubaiculture.gov.ae • T.l.j 10h-20h • Entrée : 15 Dhs. • Accès et billetterie par le centre d'accueil situé près du métro et du parking public.

11 Museum of Illusions✦✦

Ce tout petit musée a vu le jour à Zagreb en Croatie en 2015. Succès immédiat et phénoménal pour un lieu qui n'expose pourtant aucune antiquité ni œuvre d'art. Depuis, le musée a fait des petits dans quelques grandes villes du globe avec un concept singulier : présenter des attractions interactives, visuelles ou tactiles, créant une illusion d'optique déconcertante. Un casse-tête ludique et agréable à explorer en famille, même avec les plus jeunes.

Al Seef Shop n° P3-17-1 • M°Sharaf DG ou Burjuman • ✆04 357 3999 • www.museumofillusions.ae • Dim.-jeu. 10h-22h, ven.-sam. 10h-23h • Entrée : 80 Dhs, Tarif famille 2 adultes + 2 enfants : 225 Dhs.

12 Al Seef✦✦

Aux abords de la Creek, Al Seef est une zone d'activités

récente. Entre passé et futur, la promenade de loisirs s'étend sur 1,8 km. Telle une frise chronologique, les premières maisons, situées près d'Al Bastakiya, sont identiques à celles du secteur historique avec leurs tours à vent (*barjeel*), principal élément architectural des Émirats. À mi-chemin, les répliques des demeures traditionnelles laissent place à une jetée contemporaine jalonnée de yachts, et un promenoir bordé de boutiques et cafés design.

Al Seef Street • M° Sharaf DG ou Burjuman • ☎ 800 738245 • www.alseef.ae • T.l.j. horaires variables selon les commerces.

13 Creek Park✦

C'est l'un des poumons verts de la ville. Il offre une vue sur le Dubai Creek Golf et le Park Hyatt. La promenade y est très agréable le long de la rive, et le point de vue paisible. Peu touristique, il est particulièrement apprécié des familles car il abrite aussi le Children's City, un musée des sciences ludiques.

Al Riyhad Street, entre Floating Bridge et Garhoud Bridge • M° Dubai Healthcare City • ☎ 04 336 763 • https://www.dm.gov.ae/historic_item/creek-park/ • Dim.-mer. 8h-22h, jeu.-sam. 8h-23h • Entrée : 5 Dhs.

Restos | Bars | Hôtels | Shopping | Activités

Restos Bistrots

Arabian Tea House Cafe

Émirien-oriental 3 Plan H7

Une pause pleine de charme, toute de bleue et blanc vêtue, à l'entrée du quartier historique. Le succès de ce restaurant émirien est tel qu'il existe désormais plusieurs adresses. Les « Breakfast Trays », larges plateaux couverts de mets à partager sont fameux (à partir de 72 Dhs). Les pains garnis, les salades, les jus... tout est bon ! Pour plus de tranquillité, préférez le cadre bohème de sa cour intérieure à sa terrasse extérieure.

House 50, Al Fahidi Street, face à Al Musallah Post Office • M° Al Ghubaiba ou Sharaf DG • ☎ 04 353 5071 • www.arabianteahouse.com • T.l.j. 7h30-23h

Bayt Al Wakeel

Oriental 4 Plan G7

Cette maison de 1935 fut le premier centre de négoce de la ville ; elle est aujourd'hui protégée par la direction du patrimoine. C'est surtout la situation de sa terrasse, littéralement au-dessus de la Creek, qui rend cette adresse populaire. Commandez le crabe grillé (79 Dhs). Souvent comble le midi.

Al Fanar

Souk Al Kabeer, sur la Creek proche de Dubai Old Souk Abra Station • M° Al Ghubaiba ou Sharaf DG • 04 353 0530 • www.wakeel.ae • T.l.j. 11h-23h30 • Plat : env. 80 Dhs.

Al Fanar

Émirien

5 Plan H7

Retour dans les années 1960, face à la Creek, dans un cadre qui évoque, par sa mise en scène et son décor, cette époque où Dubaï n'était qu'une petite ville au bord du golfe Arabique. La cuisine est simple mais savoureuse.

Unit P3-07-02, Al Seef • M° Sharaf DG • 04 396 6669 • www.alfanarrestaurant.com • T.l.j. 10h-23h • Plat : env. 65 Dhs.

Antique Bazaar

Indien

6 Plan H7

Des fauteuils en bois sombres et massifs, du mobilier serti et sculpté, des velours pourpres... le soir, des danseuses aux cheveux interminables et même des joueurs de sitar. Cette adresse au décor opulent présage un voyage nostalgique vers la grandeur et la gloire royale de l'Inde du nord. Les assiettes sont généreuses, vous ne serez pas déçu !

Four Points by Sheraton Bur Dubai, Khalid Bin Walid Street • M° Sharaf DG • 04 397 7444 • www.antiquebazaar-dubai.com • T.l.j. 12h30-15h30 et 19h-minuit • Plat à partir de 48 Dhs.

Aaraamam Restaurant

Indien 7 Plan H8

Cette cantine bondée aux saveurs épicées du Kerala ouvre dès 6h30 ! La terrasse, plus tranquille, est agréable et les touristes, rarissimes, sont accueillis comme une curiosité vivante. Le *must try* est le Beef Fry à 20 Dhs, un ragoût de bœuf fondant et succulent. Pour le folklore du service à table, essayez le fish Kerala meals à 10,50 Dhs, avec riz et sauce à volonté.

À l'angle Street 9A et 14B, Karama • M° Burjuman • ☏ 04 397 8139 • https://aaraamamrestaurant.com • T.l.j. 6h30-minuit.

Saravanaa Bhavan

Indien 8 Plan G7

Voici une institution indienne dont les nombreuses branches disséminées un peu partout dans le monde témoignent de sa popularité. Son succès tient à ses prix mini, ses mets exclusivement végétariens copieux et délicieux et l'accueil spontané du personnel (pas toujours anglophone).
Le décor et la situation sont sans intérêt mais les plats sont appétissants, notamment le saravanaa special meal (22 Dhs), plusieurs plats épicés servis sur une feuille de banane, ou encore le Gobi 65, des choux-fleurs frits et croustillants (19 Dhs).

Burj Al Ghubaiba Building, Street 3A à côté de Dubai Old Souk Abra Station • M° Al Ghubaiba • ☏ 04 353 9988 • https://saravanabhavan.com • Sam.-jeu. 7h-23h (23h30 jeu.), ven. 7h-11h30 et 13h30-23h30.

Coffee Museum

Café 9 Plan H7

Ici, vous serez irrésistiblement happé par les effluves torréfiées et chaudes de l'arabica. L'entrée du musée est libre si vous venez déguster un café au premier étage. C'est bien là le plus grand intérêt de cette jolie maison typique au décor oriental, dont la mise en scène vous laisse penser que jadis le monde tournait autour de la graine moka.

House 44, Al Fahidi Street, en face de l'Al Musallah Post Office • M° Al Ghubaiba ou Sharaf DG • ☏ 04 353 8777 • Sam.-jeu. 9h-17h • Entrée musée : 10 Dhs (café cardamome inclus), entrée libre si consommation au café; arabic coffee : 5 Dhs ; turkish coffee : 15 Dhs.

Bars, clubs Sorties

Seville's

Tapas 1 Plan E2

Sympathique et chaleureux bar à tapas, doté d'une grande terrasse en plein air. On y sirote une très bonne sangria accompagnée de quelques *patatas bravas* (40 Dhs) ou de plateaux de *jamón ibérico* à partager (130 Dhs). Laissez-vous bercer par le son des guitares aux accents andalous, et le vendredi, chaussez vos zapatos pour danser un flamenco fiévreux : on s'y croirait presque. Le service est rapide et efficace…

Wafi Pyramids Building, 1st floor, Umm Hurair 2 • M°Dubai Healthcare City • ☎04 324 4100 • https://www.wafi.com/dine/ • Sam.-mer. 13h-minuit, jeu.-ven. 13h-1h; Flamenco fusion : ven. 20h-23h.

The Golden Lion – Queen Elizabeth 2

Pub 2 Plan D1

Arpenter le paquebot britannique du Queen Elizabeth 2 est déjà une aventure en soi. Désormais hôte permanent à quai du port Rashid, le navire-hôtel coule des jours paisibles de retraité. The Golden Lion est une légende navale intemporelle. Bas de plafond, rustique et enfumé, le pub au charme désuet affiche fièrement ses écussons portuaires, preuve de son passé glorieux. Parfait pour un whisky-billard-fléchettes !

Queen Elizabeth 2, Port Mina Rashid • M° Al Ghubaiba • ☎600 500400 • www.qe2.com • T.l.j. 10h-minuit • Bière : 40-50 Dhs • Entrée libre; âge : + de 21 ans. • Visite du paquebot Heritage Tour : mar.-dim. 11h-17h, 85 Dhs.

Sol Sky Pool & Restaurant

Bar lounge 3 Plan I8

Pourquoi succomber aux seuls plaisirs vertigineux de Downtown? Quitte à s'encanailler sur un roof top, essayez le classique dubaïote piscine à débordement-tapas-cocktail givré, avec vue sur la vieille Creek et son animation maritime. L'atmosphère est parfois timide mais, pour une fois, pas de minimum de consommation à dépenser pour profiter d'une vue à tomber. À essayer aussi, le *pool pass* (accès piscine) à 99 Dhs, prix entièrement remboursable sur le montant de vos consommations.

Canopy By Hilton , Al Seef Umm Hurair 1 • M° Burjuman • ☎04 707 7133 • https://solskybar.business.site • T.l.j. 12h-minuit; happy hour : t.l.j. 17h-19h • Boisson alcoolisée à partir de 45 Dhs; mocktail : 39 Dhs.

Hôtels B&B

XVA Art Hotel

Hôtel de charme

Dans le cœur du village pittoresque d'Al Bastakiya, cet hôtel est aussi une galerie d'art et un café (p. 23). Élégant et paisible, il propose 15 chambres de caractère conçues par des designers et artistes locaux.

House 14 et 46, Al Fahidi Street, face à Al Musallah Post Office • M°Al Ghubaiba ou Sharaf DG • ☎04 353 5383 • www.xvahotel.com • Entre 405 et 630 Dhs (pas de télévision).

Mazmi Casa

Bed & Breakfast

Devant les flots de la Creek, ce B & B de 3 chambres à la simplicité esthétique, est situé dans une demeure typique du vieux quartier historique. Service aux petits soins.

Textile Souq, Creekside • M°Al Ghubaiba ou Sharaf DG • ☎04 282 7252 • www.mazmi.me • Entre 370 et 1100 Dhs.

The Majlis Gallery

Shopping Cadeaux

Wafi Mall

Mall 1 Plan E2

Un centre commercial et un quartier hors du commun pour les égyptophiles : pyramides, vitraux, hiéroglyphes et statues colossales de Ramsès II, rien d'authentique évidemment. Tout cela cache des enseignes internationales, des restaurants, une réplique de souk Khan Murjan et le Cleopatra's Spa, fameux pour ses soins.

Oud Metha Road • M° Dubai Healthcare City • ☎ 04 324 4555 • www.wafi.com • Dim.-jeu. 10h-22h, ven.-sam.10h-minuit.

The Majlis Gallery

Galerie d'art 2 Plan H7

Découvrez ici la plus ancienne galerie d'art du quartier, ouverte en 1989. Majlis expose principalement des œuvres d'artistes orientaux classiques et contemporains. Une jolie cour intérieure ouvre sur différentes petites salles d'exposition. Un véritable petit havre de paix pour les amateurs d'art. On y trouve des tableaux, des céramiques, des sculptures et même de l'artisanat local… L'accueil y est chaleureux.

House 51, Al Fahidi Street, face à Al Musallah Roundabout, Al Bastakiya • M° Sharaf DG • ☎ 04 353 6233 • www.themajlisgallery.com • Lun.-sam. 10h-18h.

Chukpalu Rugs

Textile et ameublement 3 Plan H7

Ne cherchez pas cette échoppe dans les méandres du souk, elle est située au premier rang, sur la Creek pour le spectacle ! Le bazar textile afghan mérite le détour pour ses larges tapis et coussins d'extérieur, ses abat-jour XXL, ses sandales de corde et ses paniers de raphia, chanvre, lin et autres matériaux en fibres végétales dans l'air du temps. La gamme colorée joue la carte des teintures naturelles – lavage séparé à la main recommandé.

Al Souq Al Kabeer, à côté de Mazmi Coffee & More • M° Al Ghubaiba ou Sharaf DG • ☎ 05 0355 7109 • Instagram : @chukpalu Rugs • T.l.j. 9h-21h.

NOS MEILLEURS RESTAURANTS ORIENTAUX

Dubaï est reconnue pour sa diversité et ses influences culturelles régionales. Voici un tour de table de la crème orientale.

Zaytóni

Liban et même Arménie, une valse généreuse et appétissante dans un jardin d'hiver.

Voir p. 103, Jumeirah et Umm Suqeim.

Al Safadi

Le summum : les feuilles de pissenlit Hendbeh et le tartare au bourghol Raw Kebbe.

Voir p. 56, DIFC.

Al Falamanki

Les classiques de la cuisine libanaise et un hommage à l'homme qui a conquis Hollywood.

Voir p. 86, Jumeirah et Satwa.

Al Fanar

La cuisine émirienne du temps où les Bédouins importaient des épices et les échangeaient contre des perles.

Voir p. 29, Bur Dubai.

Abd El Wahab

Au premier rang pour le spectacle des fontaines tout en dégustant une cuisine authentique.

Voir p. 71, Downtown Dubai.

Mama'esh

Les saveurs initiatiques et familiales de la Palestine dans une arrière-cour séduisante.

Voir p. 103, Jumeirah et Umm Suqeim.

Al Falamanki

DUBAI CREEK ET LES SOUKS

Tout a commencé dans Deira et Bur Dubai, les plus anciens quartiers de la ville. Bur Dubai fut le point de chute de la tribu des Bani Yas au XIXe s., puis devint le berceau de la famille souveraine, les Al Maktoum. Ces deux quartiers chargés d'histoire sont séparés par Khor Dubai – la Creek – qui s'étendait à l'origine jusqu'à Ras Al Khor, à 15 km de là. Aujourd'hui, on peut apprécier les deux rives du canal et les facettes pittoresques et populaires de ces deux enclaves en marge de la ville, en croissance et en mouvement perpétuel.

La cohabitation du passé et du présent

Au fur et à mesure de l'expansion de Dubaï, Deira a perdu de son importance. En 1926, le quartier est touché par la crise de la perle. Puis il devient l'un des principaux ports de réexportation dans le monde. En 1966, on découvre du pétrole à Dubaï, et le centre névralgique de l'État se déplace pour remonter le long de Sheikh Zayed Road et de la côte (de Jumeirah à JBR). Cela dit, Deira continue à se développer. Le quartier se dote du métro aérien et souterrain, de malls et de plus en plus de bâtiments modernes. Port-Saïd, le petit port de la Creek de Deira, accueille aujourd'hui d'immenses navires de croisière, des boutres *(dhow)* commerciaux et des bateaux de transport. La Creek reste vitale pour les commerçants de la région. En témoignent les camions pleins de marchandises et les dockers qui déchargent à la hâte les boutres de leurs biens divers : vivres, textiles, hi-fi, électroménager et produits variés destinés aux souks, au marché local ou à l'Afrique, au Moyen-Orient et à l'Inde. Vous aimerez vous perdre dans ces labyrinthes de ruelles aux mille échoppes et restaurants asiatiques et arabes. Ce lieu toujours en effervescence

Bur Dubai Old Souk

est paradoxalement imprégné de sérénité, de bonne humeur et d'authenticité. La Creek reste le point de passage névralgique entre les deux quartiers et sa traversée en *abra*, la voie la plus aisée pour passer de l'un à l'autre.

Richesse culturelle et artisanale

Les « vrais » souks ouverts ou couverts, rénovés dans le respect de l'architecture arabe, s'opposent aux souks « artificiels » d'Al Bahar ou de Madinat Jumeirah, ces luxueuses galeries marchandes d'artisanat arabisant. Le plus touristique et le plus soigné, le Bur Dubai Old Souk (voir p. 26), est situé dans le quartier éponyme. Au début du XXe s., il connaît un afflux important de commerçants indiens, qui finiront peu à peu par s'installer dans la région. Ces échanges se trouvent encore dynamisés en 1960 par l'installation des autres populations asiatiques. Aujourd'hui, ce souk est toujours un lieu de vie intense, surtout passé 16h, et une plaque tournante du commerce textile entre le Moyen-Orient et le sous-continent indien. Il reste de ce riche passé des rues animées aux étoffes chatoyantes. Côté Deira, Gold, Spice et Perfume souks (voir p. 38 et 40), sont incontournables. L'or, crucial dans la structure familiale arabe et chez les natifs d'Asie orientale, constitue la dot : le futur époux se doit d'acheter de l'or neuf à sa promise, et plus il lui en offre, plus le mariage est placé sous de bons auspices. Il faut savoir que certaines femmes musulmanes thésaurisent l'or : les droits de succession soumis à la charia ne leur laissant parfois, selon la répartition des ayants droit, que ce qu'elles possèdent personnellement – d'où leur intérêt pour le luxe. Dans les échoppes de parfums, les senteurs orientales permettent de composer sa propre fragrance. Spice Souk, le souk aux épices de Deira, qui date du XIXe s., vous promet également un voyage olfactif sans pareil dans les senteurs et saveurs du Moyen-Orient (voir p. 38). ■

Acheter dans les souks

Tout se marchande ici. Avec patience, on parvient à faire baisser les prix de plus de 50 % ! Ne soyez pas surpris si on vient vous chuchoter « copy-Prada-Gucci... », déclinez poliment mais fermement. Le cours de l'or est affiché à l'entrée du souk, sur un grand panneau, et la qualité des pierres est contrôlée. Ne pas hésiter à acheter safran, encens et brûloir, zaatar et épices locales, mais aussi les eaux de rose, de lavande, du henné, du khôl et des cristaux de menthe. Si vous ne voulez pas négocier, achetez vos épices en supermarchés, pour seulement quelques dirhams.

IL ÉTAIT UNE FOIS LES ÉAU

Il y a près de 50 ans, les sept émirats, qui forment les ÉAU, étaient loin d'être la puissance économique et le foyer d'immigration que nous connaissons aujourd'hui. Jusqu'à la seconde moitié du XIXe s., ce vaste territoire désertique, habité par quelques familles tribales, était soumis aux invasions et aux aléas des enjeux politiques et commerciaux de la région. Grâce à l'or noir, ce pays a conquis son indépendance et a su faire naître des sables du désert un véritable sentiment national émirien.

Mosquée Sheikh Zayed Bin Sultan Al Nayan, Abu Dhabi

Des origines troubles

Avant l'arrivée des Britanniques au XIXe s., le territoire d'Arabie était occupé par différentes tribus. Deux familles étendirent leur pouvoir dans la région : les Qawasim et les Bani Yas. Ces derniers sont les ancêtres de la **famille Al Maktoum**, qui s'installe en 1912 à l'embouchure de la Dubai Creek et qui règne depuis sur l'émirat de Dubaï. Une autre branche, les Al Nahyan, s'établit en 1793 à Abu Dhabi. Après avoir vaincu les puissants Qawasim, les Britanniques signent des accords de paix avec les chefs de chacun des actuels émirats, appelés les **États de la Trêve**. En 1892, ces États deviennent un protectorat britannique. Ce premier rapprochement entre les différents émirats favorise le développement commercial et économique du pays, notamment grâce à l'**activité perlière**. Dubaï devient le plus important port du Golfe, jusque dans les années 1940. Vers 1958, un premier **gisement de pétrole** est découvert à Abu Dhabi, puis en 1966 à Dubaï. Dès lors, les Émirats vont connaître un essor sans précédent.

Naissance des Émirats

À Abu Dhabi, le **sheikh Zayed bin Sultan Al Nahyan** perçoit l'enjeu de cette découverte. Il décide de développer l'émirat (écoles, hôpitaux, logements et routes) et finance parfois les projets de Dubaï. Le pays devient une puissance majeure. Les liens entre les différents émirats se resserrent. Ils reprennent le contrôle du territoire, les Britanniques quittent la région. Le 2 décembre 1971, six des sept émirats (Abu Dhabi, Dubaï, Sharjah, Ajman, Umm Al Quwain et Fujairah) forment la fédération des Émirats arabes unis ; Ras Al Khaimah les rejoint en février

1972. Le musée Etihad (voir p. 82) retrace fidèlement l'histoire de cette union. Le sheikh Zayed est élu premier président des ÉAU, puis réélu tous les cinq ans jusqu'à sa mort en 2004. Son fils aîné, le sheikh Khalifa bin Zayed Al Nahyan, reprend alors son rôle. Depuis un AVC en 2014, c'est son demi-frère, le sheikh Mohamed bin Zayed Al Nahyan « MBZ » qui gère les affaires courantes.

L'âge de l'émancipation

Depuis son indépendance, Dubaï s'est lancé dans de gigantesques projets grâce au **sheikh Rashid bin Saeed Al Maktoum** (1912-1990), vice-président, premier ministre des ÉAU et émir de Dubaï. Il anticipe la préparation de l'après-pétrole et devine qu'il faut diversifier les activités de l'émirat. Il développe les villes, finance des projets d'envergure, promeut les affaires du pays à l'international. Dans les années 1990, son fils et successeur, le sheikh Maktoum bin Rashid Al Maktoum (1943-2006), insuffle un renouveau politique et dirige de nouveaux projets. Aujourd'hui, c'est son frère le sheikh Mohammed bin Rashid Al Maktoum « Sheikh Mo » qui poursuit la vision de ses prédécesseurs.

Les nouveaux défis

Conscients de la durée limitée des énergies fossiles, les Émirats ont développé les industries du tourisme, de l'immobilier de luxe, des services et de la culture. Certes, la crise de 2008 a touché le pays, et notamment Dubaï, qui a dû faire appel au sheikh d'Abu Dhabi pour s'écarter *in extremis* de la banqueroute. Pourtant, même en temps de crise, les ÉAU mènent une **politique d'ouverture au monde**, et la population étrangère ne cesse d'augmenter… Depuis 2011 et la reprise de grands chantiers, Dubaï et Abu Dhabi ont su s'imposer comme des acteurs influents, incitant des pays voisins, tel le Qatar, à suivre leurs traces. Leur plus grand défi désormais, **maintenir un équilibre durable** dans une situation géopolitique instable. La relation privilégiée avec leurs partenaires stratégiques et économiques étant souvent tiraillée entre les alliés occidentaux et de grandes puissances comme la Chine et l'Inde. ■

Quelques statistiques 2022

Population totale : 10,08 millions (comparable à la Tchéquie) avec un total de 8,92 millions d'expats (88,52 %) ; 65 % de la population a 25-54 ans et seulement 1,68 % a plus de 65 ans. La répartition hommes-femmes (68,76 % contre 31,24 %) est déséquilibrée : c'est dû à la main-d'œuvre abondante. Population : Dubaï en tête avec 3488745 habitants, suivi de Sharjah 1786000 et d'Abu Dhabi 1540000. Ajman est à la 4e place. Communauté : la plus importante est indienne (27,49 %) suivie des Pakistanais (12,69 %) et des Philippins (5,56 %).

DEIRA ET LES SOUKS

2

Pour vous rendre du quartier de Bur Dubai à celui de Deira (et inversement), vous apprécierez de vous déplacer en *abra.* Pittoresque et bondé, le vieux quartier de Deira saura vous surprendre par son charme populaire et authentique. Vous pourrez à la fois marchander dans ses nombreux souks et faire des visites culturelles. Munissez-vous d'espèces pour vos achats.

Spice Souk

1 Docks à boutres *(dhow)*✦

On ne peut longer la Creek sans voir ces vieux bateaux de bois aux couleurs vives à dominante de bleu, amarrés en file indienne. Ces boutres témoignent des liens commerciaux forts avec les autres pays du Golfe et du passage des marchandises par le détroit d'Ormuz vers ou en provenance de l'Asie. Ils contribuent encore aujourd'hui à fournir les étals des souks, mais aussi à faire parvenir aux villages côtiers inaccessibles par la route toutes les denrées nécessaires, notamment vers l'enclave du Musandam à Oman.

Le long de Banivas Road, jusqu'aux quais Dhow Wharfage • M° Al Rigga.

2 Spice Souk✦✦✦

Il y a plus de 3000 ans, les Arabes lançaient leurs premiers boutres à la recherche des riches épices de la côte du Kerala. Aujourd'hui, le goût des populations locales pour les épices indiennes – poivre, cardamome, safran, mélanges de masala, etc. – ne se dément pas et continue à dominer la gastronomie arabe. Le souk aux épices de Deira est né à la fin du XIXe s. avec l'arrivée des Perses à Bastakiya. Il reste aujourd'hui un lieu de commerce essentiel pour de nombreuses communautés. Juste en sortant de l'Abra Station, traversez la route et laissez-vous envahir par les effluves d'encens, les arômes enivrants de la cannelle, du curry et autres merveilles venues d'Iran, du Pakistan ou de l'Inde.

Entre Baniyas Road, Al Sabkha Road et Al Ras Road • M° Al Ras; Abra : Deira Old Souk Station • Sam.-jeu 9h-22h (certains magasins ferment entre 13h et 16h), ven. 16h-22h; f. pendant les fêtes religieuses chiites.

3 Museum of the Poet Al Oqaili**

Construite en 1923, cette admirable maison rénovée appartenait à Mubarak bin Hamad bin Mubarak Al Manea Al Oqaili. C'est aujourd'hui un petit musée niché dans les ruelles du souk aux épices, rendant hommage au poète le plus respecté des Émirats. Les pièces sont articulées comme des alcôves autour d'une modeste cour intérieure où l'on vous offre le café. Les œuvres exposées retracent la vie et les écrits du poète et témoignent aussi de l'atmosphère de la vie d'autrefois. De précieuses archives de la fin du XIXe s. jusqu'au milieu du XXe s y sont également conservées.

Quartier de Al Ras, en plein milieu du Spice Souk, Sikka 21B, suivre les pancartes • M° Al Ras • ☎800 33 222 • dubaiculture.gov.ae/en/attractions/museums/al-oqaili-museum • Dim.-jeu. 8h-15h, ven. 8h-11h30 • Accès libre.

Docks à boutres

4 Al Ahmadiya School**

Le sheikh Mohammed bin Ahmed bin Dalmouk, son fondateur, a choisi cette jolie maison bien décorée pour abriter la plus ancienne école de Dubaï (1912). Afin de financer l'école sans freiner l'évolution d'une éducation pour tous, il suffisait à l'époque de payer une somme presque symbolique pour assister aux cours ; les plus pauvres, eux, entraient gratuitement. Aujourd'hui, ce musée propose des photos, des diaporamas

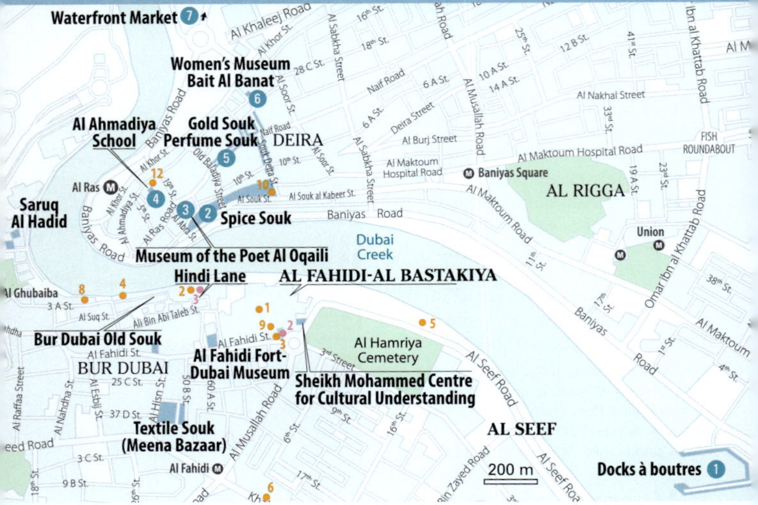

et des vidéos, notamment sur l'éducation musulmane et son développement aux Émirats. L'actuel émir de Dubaï a essuyé les bancs de cette école.

Al Ahmadiya Street, au nord du Spice Souk • M° Al Ras • ☏80 033 222 • https://dubaiculture.gov.ae/en/attractions/heritage-sites/al-ahmadia-school • F. temporairement.

5 Gold Souk et Perfume Souk+++

Attention, ça brille ! Ce marché de l'or est le plus grand du Moyen-Orient et il attire les acheteurs de toute la région. Les prix peuvent être intéressants, si l'on sait prendre son temps pour négocier. Le cours de l'or (affiché à l'entrée du souk) étant règlementé, vous pouvez être sûr de sa qualité et du peu de fluctuation de ses prix d'une boutique à l'autre. La couleur saturée des parures est signe de forte teneur en or. La majorité des échoppes propose des colliers, bagues et pendentifs ornés de diamants et autres pierres précieuses.

Remontez le souk de l'or jusqu'à Sikkat Al Khail Road et suivez les entêtantes fragrances orientales : vous êtes dans la rue des parfums. Une quinzaine de boutiques propose des essences traditionnelles, attar et oud, destinées aux locaux. Si vous êtes amateur, profitez-en pour créer votre propre parfum sur place !

Gold Souk : *Entrée à l'angle de Old Baladiya Street et Al Ras Road • M°Al Ras • Sam.-jeu. 10h-22h (certains magasins sont fermés entre 13h et 16h), ven. 16h-22h.*

Perfume Souk : *Sikkat Al Khail Road et Al Sour Street, au bout du Gold Souk • Horaires identiques au Gold Souk.*

6 Women's Museum Bait Al Banat⁺⁺

Unique dans le monde arabe, ce musée de la Femme inauguré en 2012 nous aide à mieux comprendre les différents rôles joués par les femmes, qui ont contribué au succès et au développement de Dubaï et des ÉAU. Il contient des œuvres d'art, des peintures et des costumes, la plupart offerts par les familles de ces femmes, témoignant ainsi de leur culture et de la fierté qu'elles en tirent. Une salle est consacrée à l'héritage poétique populaire d'Ousha Bint Khalifa al Suwidi, aussi connue sous le nom de « The Girl of the Arabs ».

Gold Souk

Pause authentique dans les souks

Une petite faim? Laissez-vous tenter par ces petits beignets locaux, souvent épicés et que l'on peut trouver à chaque coin de rue ou presque. Samosas viande ou légumes, beignets de pommes de terre-curry... C'est un régal assuré à petit prix (1 pour 1 Dhs). Essayez sans hésiter les jus de fruits fraîchement pressés, simples ou multi-fruits (10 Dhs). Pour la nouveauté, testez le fameux thé originaire du Qatar, le Karak Chai, un thé au lait sucré aromatisé à la cardamome (1 à 2 Dhs).

10 ***Al Haj's Coffee shop :** dans un passage. Depuis l'angle de Souk Deira Street et Al Souk Street, remontez cette dernière vers l'ouest sur environ 50 m, et prenez la première ruelle sur votre droite.*

Entre Al Khor Street et 103 Street, proche du Gold Souk • M° Al Ras • 04 234 2342 • www.womenmuseumuae.com • Sam.-jeu. 10h-19h • Entrée : 20 Dhs.

7 Waterfront Market✦

Figure iconique de l'ambiance populaire du quartier pendant 60 ans, **Deira Fish Market**, le plus grand marché aux poissons de la ville, a fait peau neuve dans de nouveaux locaux modernes et climatisés. Certains nostalgiques le trouvent un peu moins charmant et typique qu'avant, mais il reste toujours aussi impressionnant et trépidant. Il fourmille d'étals de poissons, de crustacés fraîchement pêchés, mais aussi de produits maraîchers, de kiosques et de restaurants. Mieux vaut avoir des chaussures fermées pour s'y promener.

Al Khaleej Road, sur la corniche près de Hamriya Port • 800 627 538 • https://waterfrontmarket.ae • T.l.j. 24h/24; f. sam.-jeu. 14h-16h et ven. 12h30-13h30.

Restos | Bars | Hôtels | Shopping | Activités

Restos Bistrots

Noépe

Romantique 11 Plan E1

Un aller simple pour Cape Cod, la péninsule estivale et glamour de la Nouvelle-Angleterre. Sur le belvédère en teck de cette maison blanche à l'esprit colonial, c'est une échappée inattendue surplombant des yachts tranquilles. Les gambas citronnées sont un choix avisé (115 Dhs). Allez-y bien habillé mais pas affamé. Les mois d'hiver, la soirée blanche avec DJ Full Moon Party se passe autour d'un brasero, pour 350 Dhs par personne.

Creek Club Street, Dubai Creek Golf et Yacht Club, Park Hyatt Dubai• M° GGICO • 04 602 1814 • https://www.hyattrestaurants.com/en/dining/uae/dubai/seafood-restaurant-in-dubai-creek-noepe • Dim.-ven. 12h-minuit, sam. 17h-minuit • Licence d'alcool.

Al Bait Al Qadeem

Émirien et perse 12 Plan G6

Ne cherchez pas ici le charme fou d'une épopée culinaire, mais plutôt une ambiance typique. La terrasse, bien aménagée, nous plonge dans le bourdonnement incessant des rues fourmillantes à côté. Pour être plus au calme, passez l'arrière-cour de la maison de 1909, une salle permet aussi de manger au frais. Le rapport qualité-prix est correct et vous éviterez ainsi les bouis-bouis de Deira si vous n'êtes pas féru d'aventures pimentées. Pour les irréductibles carnivores, testez le menu perse.

Al Ahmadiya Street, à côté d'Al Ahmadiya School • M° Al Ras • 04 225 6111 • www.

Noépe

albaitalqadeem.com • T.l.j. 8h30-23h • Entrée à partir de 10 Dhs ; plat à partir de 38 Dhs.

Bars, clubs Sorties

Cielo Sky Lounge

Bar-club 4 Plan E1

Cielo lorgne les cieux (et la Creek !) tout en jouant la carte « nuit torride à Ibiza ». À grand renfort de voilures frémissantes, d'éclairages ultraviolets ou vert perroquet et de DJ stars, le toit-terrasse du Dubai Creek Golf & Yacht Club enflamme les noctambules. Soirée clubbing un brin décadente, champagne, prosecco et vue époustouflante ; bienvenue à Dubaï !

Creek Club Street, Dubai Creek Golf et Yacht Club, Park Hyatt Dubai • M°GGICO • ✆04 416 1801 • https://www.hyattrestaurants.com/en/dining/uae/dubai/international-restaurant-in-dubai-creek-cielo-sky-lounge • Lun.-dim. 17h-3h • Verre de vin à partir de 55 Dhs, , verre de champagne 75 Dhs.

The Irish Village

Pub 5 Plan F1

Avis aux sportifs ! Si vous ne souhaitez pas manquer une grande rencontre de foot, de rugby ou autre match crucial, direction The Irish Village. Sans strass ni paillettes, quelques échoppes celtiques se succèdent le long d'un plan d'eau, comme sur les terres de l'île d'émeraude. Une

Balades gastronomiques

Frying Pan Adventures propose des tours culinaires en petits groupes tout au long de l'année, principalement dans le vieux Dubaï. Les circuits, guidés par des conteurs passionnés, s'adaptent selon la chaleur du moment et le calendrier des fêtes religieuses. Vous aurez le choix entre plusieurs thématiques, comme Little India ou Middle Eastern Food Pilgrimage. Comptez 4h de découvertes culinaires.

Informations et inscriptions : ✆0564 718 244 • www.fryingpanadventures.com • À partir de 367.50 Dhs/pers., transport inclus.

QD's

atmosphère conviviale depuis 1996, aux effluves de *fish and chips* et houblon de caractère.

Dubai Duty Free Tennis Stadium, 31A Street, Al Garhoud • M°GGICO • ✆04 282 4750 • www.theirishvillage.com • Dim.-mer. 11h-1h, jeu.-sam. 11h-2h • Pinte de bière : env. 43 Dhs;* fish and chips *: 88 Dhs • Musique live du mar. au sam.

QD's Bar & Grill

Bar

6 Plan E1

Le bar, situé dans le célèbre Dubai Creek Golf & Yacht Club, domine la Creek, avec ses shows et ses lumières électriques. L'endroit est parfait pour commencer la nuit sur un vaste deck circulaire, ambiance naufragé chic…. L'atmosphère y est relax, le lieu peuplé en grande partie par la jeunesse orientale. Arabian Nights, Tiky Night ou Live Sports, la nuit vous appelle de tous ses vœux !

Creek Club Street, Dubai Creek Golf et Yacht Club, Park Hyatt Dubai • M°GGICO • ✆04 295 6000 • https://www.hyattrestaurants.com/en/dining/uae/dubai/middle-eastern-restaurant-in-dubai-creek-qd-s • Lun.-jeu. 17h-2h, ven.-dim. 17h-3h; DJ set jeu.-sam. • Cocktail à partir de 54 Dhs; bières pression 44 Dhs.

Hôtels B&B

Radisson Blu Hotel, Dubai Deira Creek

Hôtel de luxe

Niché sur les rives de la Creek, vous pourrez profiter pleinement de la splendeur du vieux Dubaï, avec le marché aux épices et les souks de l'or et du parfum.

476, Baniyas Road • M°Union • ✆04 222 7171 • www.radissonhotels.com • À partir de 377 Dhs.

Riviera Hotel

Hôtel avec vue

Surplombant la célèbre Creek, l'établissement bénéficie d'un service de qualité et d'accueil régulièrement recommandé. Le petit plus de cet hôtel simple et propre : une vue possible sur Burj Khalifa et Dubai Frame.

Baniyas Road • M°Baniyas Square • ✆04 222 2131 • www.rivierahotel-dubai.com • À partir de 240 Dhs pour une vue sur la Creek.

NOTRE TOP STREET FOOD ET PETITS PRIX

Voici nos meilleures adresses savoureuses pour vous permettre de manger sur le pouce, sans vous ruiner, dans de magnifiques décors... ou sans aucune paillette !

Raju Omlet

Des œufs à toutes les sauces (et plus encore...) dans un décor rétro Bollywoodien.

Voir p. 113, Al Quoz et Alserkal Avenue.

Din Tai Fung

L'institution taïwanaise où tout le monde se presse, quitte à faire le pied de grue !

Voir p. 128, Dubai Marina et JBR.

Aaraamam Restaurant

Il vaut le détour, le boui-boui sans fioritures que seuls les Indiens connaissent.

Voir p. 30, Bur Dubai.

Slaw

Le genre d'Everest fondantissime calorissime où vous n'avouerez jamais être allé !

Voir p. 88, Jumeirah et Satwa.

Al Mallah

Un fast-food shawarma falafel connu comme le loup blanc, un vrai régal.

Voir p. 84, Jumeirah et Satwa.

Bonna Anne

Une terre d'asile délicieuse à l'hospitalité sans pareille. Bienvenue en Éthiopie !

Voir p. 172, Abu Dhabi.

Raju Omlet

UNE ARCHITECTURE TÉMOIN DU PASSÉ

Dans un pays où une nouvelle tour semble sortir de terre chaque mois, on est étonné de voir cohabiter si « naturellement » une architecture classique et une autre futuriste. Certains édifices parmi les plus récents vont même jusqu'à reproduire l'architecture arabe traditionnelle tout en l'adaptant aux normes esthétiques et sécuritaires du XXIe s. C'est parti pour un voyage dans le temps !

Du nomadisme…

À l'origine, le territoire désertique des Émirats était habité par plusieurs **tribus de Bédouins** autonomes qui se déplaçaient selon leurs besoins. Ces nomades passaient l'hiver sous une **tente**. En été, ils se réunissaient dans des **villages** constitués de *areesh* ou *barasti*, constructions éphémères adaptées au climat aride, simplement bâties à partir de feuilles et de troncs de palmier. Ces modestes mais solides demeures étaient composées d'une petite pièce centrale, d'une chambre, d'une salle d'eau, d'un *majlis* (lieu commun d'assemblée signifiant conseil) et d'une tour à vent rudimentaire ; on préparait les repas à l'extérieur.

Al Bastakiya

… à la sédentarité

Progressivement, les tribus se sédentarisent et les principaux clans se partagent la région, construisant des maisons plus durables, avec des blocs de corail et de la chaux provenant de coquillages, mélangés avec de la boue ou de l'argile. Afin de protéger notamment la pudeur des femmes, les murs donnant sur l'extérieur sont dépourvus de fenêtres. Cette **architecture traditionnelle, de style arabique**, reflète aussi le mode de vie de ces populations contraintes de s'adapter au climat. L'agencement des demeures a pour objectif de profiter de l'ombre et ses *barjeel* permettent de bénéficier d'une aération naturelle procurée par le vent. C'est dans ce même souci de propager la fraîcheur apportée par l'ombre qu'on construit des **ruelles étroites** *(sikka)*. Dans les anciens quartiers de Bur Dubai et Deira (p. 21 et 38), deux types de maisons sont visibles : une construction d'été avec une tour à vent (la *masyaf*), et pour l'hiver, une maison avec une cour intérieure (la *mashait*). Une architecture simple, efficace et respectueuse de l'environnement !

Des espaces de vie

Parallèlement à leur sédentarisation, les populations se convertissent à **l'islam**, introduit par les Omeyyades en Arabie au VIIIe s., et commencent à développer le commerce autour de la **Creek** (Khor Dubai). Les nombreuses mosquées qu'on voit aujourd'hui sont le symbole de cette religion et le repère dans la vie quotidienne des peuplades sédentarisées. Elles sont composées d'un minaret, d'une tour et d'un mihrab (niche dans le mur indiquant la direction de La Mecque et permettant l'amplification de la voix de l'imam). À côté du mihrab se tient le minbar (chaire à prêcher) rappellant le siège en bois de tamaris où prêchait le prophète Mohammed (Mahomet). Un point d'eau à l'extérieur est réservé aux ablutions. Les **souks**, eux, ont traversé les siècles pour perdurer jusqu'à nos jours. Vestiges de l'époque où Dubaï était un important port de commerce, ils ont été rénovés en respectant l'organisation primitive de cet espace : des ruelles étroites, des arcades, des toiles tendues pour abriter du soleil et une succession de petites échoppes.

Un patrimoine à protéger

Avec les nombreuses vagues d'immigration et l'ouverture des ÉAU au monde, l'érosion de son patrimoine national et l'oubli des traditions et de la culture menacent aujourd'hui. Pour y remédier, le gouvernement porte une attention particulière à sa conservation et sensibilise sa population. Plusieurs projets ont permis d'assurer une certaine **transmission de l'histoire émirienne**, notamment auprès des jeunes générations. ■

Dans le vieux Dubaï...

Rien de mieux qu'une balade à pied pour découvrir les merveilles de l'ancienne cité. Vous trouverez un exemple de demeures d'influence perse à Al Fahidi-Al Bastakiya chez XVA Gallery (p. 23) et Majlis Gallery (p. 32). Ne manquez pas les barasti dans les ruelles de ce quartier. Levez les yeux et découvrez les tours à vent *(barjeel)*, elles sont partout. Du côté de Deira, rendez-vous au musée du poète Al Oqaili (p. 39) pour admirer un bijou d'architecture locale. Près de la Creek, à Bur Dubai, visitez Al Maktoum Residence (p. 28), impeccablement restaurée, qui relate la vie dans les souks pendant les années 1940.

DIFC, MUSEUM OF THE FUTURE ET ZABEEL

3

DIFC, centre financier de la ville bordant un ruban d'asphalte de 12 voies, est aussi un pôle dédié à l'art contemporain. Le quartier est magistralement auréolé par l'édifice calligraphique du Museum of the Future, et les plus observateurs pourront admirer l'ensemble de l'architecture renversante des tours environnantes figurant un clavier de piano, des composants électroniques ou un labyrinthe... Plus au nord, le vaste parc Zabeel accueille également The Dubai Frame, tout aussi iconique.

Museum of the Future et Jumeirah Emirates Towers

1 Ras Al Khor Wildlife Sanctuary✦

C'est l'une des rares zones urbaines protégées dans le monde. Inaugurée en 2007, elle abrite plus de 450 espèces de la faune (dont 3000 flamants roses) et 47 espèces de la flore. La réserve, avec parfois les buildings en toile de fond, comprend aussi un écosystème constitué de mangroves, de lagunes et de *sebkhas* (bassins). Des postes d'observation permettent d'admirer l'ensemble. Une visite en hiver est chaudement recommandée !

Entrée Flamingo Hide 2, juste avant la sortie 3A, sur la E66 direction Oud Metha Road • ☎800 900 • https://www.dm.gov.ae/discover-dubai/ras-al-khor/ • T.l.j. oct.-mars sam.-jeu. 7h30-17h30, avr.-sept. sam.-jeu. 6h-18h • Accès libre, visite guidée gratuite sur réservation dim.-jeu. 7h30-14h.

2 Museum of the Future✦✦✦

C'est LE nouveau visage sensationnel de la cité à ne pas manquer, créé par l'architecte Shaun Killa. Vous réserverez bien en amont, au risque d'être laissé, déçu, à ses portes.

Un symbole d'architecture

Le bâtiment ovoïde représente l'humanité dans toute sa créativité et sa capacité inégalée à exister dans son environnement. Le vide elliptique symbolise l'inconnu ; une déclaration de tout ce que nous ne savons pas encore – en un mot, l'avenir. Sa façade d'acier profilée est sertie d'une calligraphie finement cartographiée en 3D sur le corps incurvé du musée, affirmant la passion émirienne pour les arts et la poursuite infinie de l'innovation. À l'intérieur, ses fenêtres dont l'ossature alterne les vides et les pleins, permettent à la lumière naturelle d'inonder l'armature de sept étages et de baigner l'environnement de prismes diaphanes poétiques. À l'extérieur sont inscrits des extraits de citations du sheikh souverain, dont la plus à propos : « l'avenir appartient à ceux qui peuvent l'imaginer, le concevoir et l'exécuter… »...

Une ode à l'espace

De nuit, c'est une étoile incandescente scintillante. La façade avant-gardiste, d'une hauteur de 77 m, est composée de 1 024 panneaux distincts, chacun spécialement créé par des algorithmes et dont les 14 km tentaculaires de lumières LED embrasent l'édifice. Ce musée vivant peut se voir comme un banc d'essai pour les générations futures, l'idée étant de connecter des penseurs du monde entier

Pause carioca au Projeto Açaí

Chez Projeto Açaí (prononcer « assailli »), l'açaí, cette baie d'Amazonie aux vertus antioxydantes, est vendu sous forme de pâte glacée. Vous ajoutez au choix, fruits et graines bio et décidez de la taille : *pequeno*, *grande* ou énorme ! À noter, les magnifiques peintures murales de l'artiste en vogue brésilienne Tarsila Schubert. Parfait pour une mise en jambes tonique vers le Museum of the Future.

13 87, Sheikh Zayed Road • M° Emirates Towers • ☎04 329 2224 • www.projetoacai.com • Dim.-jeu. 8h-minuit, ven. 8h30-1h, sam. 8h-1h • Bol d'açaí : 32-44 Dhs.

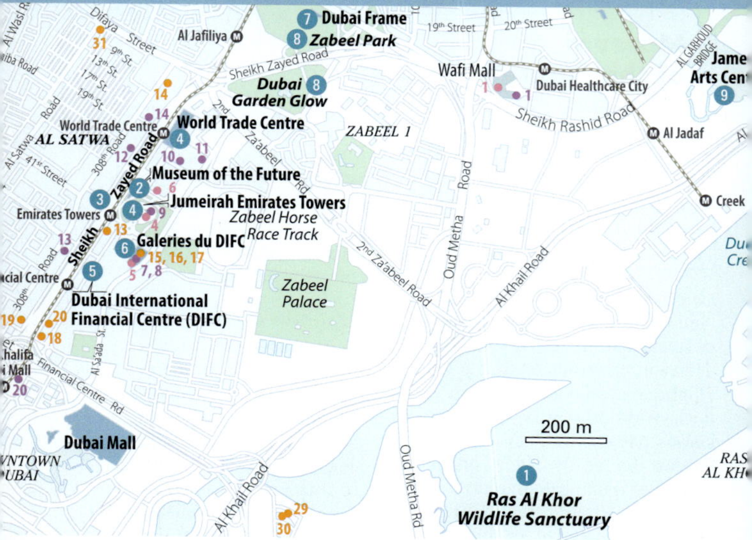

et d'envisager un éventail de possibilités à venir, tout en repoussant nos limites. Vous embarquerez vers son sommet pour un voyage en 2071, à bord d'une station spatiale de pionniers culminant à 600 km au-dessus de notre atmosphère. Comme dans une mégapole futuriste, vous emprunterez des ascenseurs en verre filant vers une découverte intersidérale.

La visite

Chaque étage est dédié à l'exploration de nouveaux horizons où les designers, les chercheurs et les entreprises d'aujourd'hui répondent à nos défis les plus urgents. C'est parfois un peu technique, en anglais, mais de nombreuses expériences sensorielles et interactives ne vous empêcheront pas d'en apprécier la matière. Quatre expériences immersives : OSS Hope, The HEAL Institute, Al Waha et Tomorrow Today avec la visite d'une forêt tropicale numérique, une librairie ADN des espèces, un sanctuaire des sens, un centre des technologies du futur proche et une sortie sur la terrasse de l'ellipse, fantastique point de vue sur la structure et ses alentours. Un étage entier Future Heroes est consacré aux enfants, vous aurez ainsi l'opportunité de visiter tranquillement en y confiant là les plus petits.

Sheikh Zayed Road, entre Al Boursa Street et Trade Center Street • M° Emirates Towers • ☎800 2071 • https://museumofthefuture.ae/en • T.l.j. 10h-18h • Entrée : 145 Dhs ; Future Heroes : accès libre jusqu'à 10 ans • Résa en ligne uniquement (10 j. à l'avance env.).

3 Sheikh Zayed Road✦

Cet axe routier principal de 558 km relie les Émirats d'Abu Dhabi, Dubaï, Sharjah, Ajman et Ras el Khaïmah à la frontière omanaise. À Dubaï, cette autoroute tentaculaire (six voies dans chaque sens) dessert la plupart des quartiers côtiers et traverse une succession de gratte-ciel étourdissants le long de Downtown et de la Marina. Lorsque les lumières commencent à scintiller, prenez de la hauteur pour admirer les tours emblématiques de la ville, en empruntant la ligne rouge du métro de DMCC qui la longe jusqu'à Emirates Towers.

https://www.rta.ae/wps/portal/rta/ae/public-transport/metro-stations-map.

Sheikh Zayed Road

4 Jumeirah Emirates Towers✦ et World Trade Centre✦

Elles font partie des figures emblématiques de l'évolution du quartier, l'aïeule des tours et sa descendance prolifique. Sheikh Rashid, rêvant de propulser Dubaï au cœur du commerce international, misa sur un projet : le World Trade Centre – alors Sheikh Rashid Tower. En 1979, le premier gratte-ciel de Dubaï fut inauguré par la reine Élisabeth II ; le fier bâtiment était visible depuis des lieues et annonçait, venant d'Abu Dhabi, la proximité de la ville alors concentrée vers la Creek. En 2000, les Emirates Towers, par leur complexité structurelle et la technologie des matériaux thermorésistants utilisés, consacrent la réussite architectonique de Dubaï et façonnent sa « success story », la menant vers le top des métropoles futuristes planétaires. Curiosité de conception, les tours ont le même nombre d'étages malgré leur différence de taille !

Emirates Towers (hôtel et mall) : Sheikh Zayed Road, sortie Al Boursa Street • M° Emirates Towers • 04 330 0000 • www.jumeirah.com/en/stay/dubai/jumeirah-emirates-towers

WTC (pôle d'activités sans accès à la tour d'origine) : Trade Center, Sheikh Zayed Road • M° World Trade Center • 800 3982 • www.dwtc.com/en

5 Dubai International Financial Centre (DIFC)⁺⁺

C'est le quartier financier par excellence, avec ses hommes d'affaires en costume-cravate et ses femmes apprêtées. Développé autour du **Gate Building**, une arche de 60 m abritant la Bourse de Dubaï, ce large complexe réunit des bureaux, des galeries d'art, des hôtels, de nombreux restaurants et un récent mall : **The Gate Avenue.** Il semble moins animé le soir, pourtant ne vous y fiez pas, c'est un lieu *caliente* pour sortir dîner et prendre un verre parmi les hipsters de la ville.

Entre Sheikh Zayed Road et Al Sa'ada Street • M° Financial Centre • 04 362 2222 • www.difc.ae

6 Galeries du DIFC⁺⁺

Les galeries du DIFC sont l'un des principaux lieux de rendez-vous des amateurs d'art. On y retrouve une dizaine de galeries prestigieuses telles que Sotheby's, Christie's ou encore Empty Quarter, fondée par une princesse saoudienne, exclusivement dédiée à la photographie. Deux fois par an, DIFC Art Nights (voir p. 202) rassemble, le temps de deux soirées très attendues, amateurs et collectionneurs afin de soutenir les arts et la culture à Dubaï.

Gate Village, entre Sheikh Zayed Road et Al Sa'ada Street • M° Financial Centre • 04 362 2222 • www.difc.ae/lifestyle/discover

7 Dubai Frame⁺⁺⁺

L'une des dernières folies des grandeurs de l'émirat est une structure iconique haute de 150 m. Un châssis géant au design inspiré du nombre d'or encadre littéralement la ville. Au sommet, le *Sky Bridge* sert de symbole : cette passerelle relie l'héritage et la postérité des Émirats, dans l'idée de concilier la sagesse des anciens et la douce folie des plus jeunes. De celle-ci, on découvre vers le nord les quartiers historiques ; au sud, Downtown et l'ambition du développement futur. Effet théâtral garanti, une partie du sol, pavée de verre, provoque une poussée d'adrénaline irrésistible. Acrophobes s'abstenir.

Zabeel Park, Gate 4, Sheikh Rashid Road • M° Max • 800 900 • www.dubaiframe.ae • T.l.j. 9h-21h • Entrée : 50 Dhs.

Zabeel Park et Dubai Frame

8 Dubai Garden Glow et Zabeel Park✦✦

Bienvenue au règne des lumières, où les créateurs n'ont de limite que leur imagination. C'est kitsch et ça scintille de bout en bout avec des airs de féerie surréaliste. Les enfants adorent le Dinosaur Park, le safari ou les personnages naïfs et les fleurs incandescentes de ce royaume enchanté.
À savoir, le Zabeel Park (52 ha), hôte du lieu, est aussi très agréable à visiter en journée, sans fioritures…

Zabeel Park, Al Majlis Street Gate 6 & 7 Area B • M° Max • ☏05 5918 8126 • www.dubaigarden glow.com • Dim.-ven. 16h-23h, sam. et j.f. 16h-minuit • Entrée : Dinosaur Park + Glow Garden : 65 Dhs • Accès au Zabeel Park 5 Dhs • Dim.-mer. 8h-22h, jeu.-sam. 8h-23h • www.dm.gov.ae/historic_item/zabeel-park/

9 Jameel Arts Centre✦✦

En novembre 2018, Art Jameel, une organisation indépendante dévouée au support des arts, a inauguré le Jameel Arts Centre. Une destination culturelle innovante et dynamique, dont la vocation est de développer un soutien à l'éducation, à l'héritage régional et aux artistes contemporains d'Asie et du Moyen-Orient. La sélection est pointue et l'ambition du projet perceptible dès les premiers pas. L'architecture du bâtiment réalisé par le cabinet Series Achitects souligne habilement des œuvres sculpturales ou minimalistes installées dedans et dehors.

Jaddaf waterfront près du Palazzo Versace Dubai • M° Al Jadaf • ☏04 8739 800 • https://jameelartscentre.org • Entrée libre • Sam.-lun. et jeu. 10h-20h, mer. 10h-16h, 21h-minuit, f. mar. et ven.

Restos | Bars | Hôtels | Shopping | Activités

Restos Bistrots

The Sum of Us

Coffee shop 14 Plan D2

C'est l'un des meilleurs cafés de la ville et aussi l'un des plus sympathiques. L'atelier de torréfaction, agrémenté d'une terrasse, ressemble à une usine réaménagée en loft avec un comptoir de boulanger et un kiosque à fleurs. Faut-il préciser que ça embaume délicieusement le café et le pain grillé sorti du four? Pour manger un morceau, il y a aussi du choix à toutes les heures. Original et savoureux le plat zucchini fritters à 42 Dhs, fromage grillé halloumi, courgettes, œuf poché et un soupçon de jalapeño.

Burj Al Salam, ground floor, 6th Street; derrière The Sheraton Hotel • M° World Trade Centre • 056 445 7526 • https://eatx.com/the-sum-of-us/ • T.l.j. 8h-22h • Café à partir de 16 Dhs.

The Sum of Us

LPM Restaurant & bar

Brasserie française 15 Plan D2

Anciennement La Petite Maison, brasserie française prestigieuse de Dubaï, au succès jamais démenti depuis son ouverture. Dans une ambiance de galerie et un décor typiquement parisien, parfois bruyant, vous dégusterez des plats d'inspiration méditerranéenne préparés avec des produits frais du marché. Quelques musts à tester : la burrata et tomates (99 Dhs) et le loup de mer en croûte de sel (235 Dhs).

Gate Village 8 DIFC • M° Emirates Towers • ☎ 04 439 0505 • https://lpmrestaurants.com/dubai/ • Lun.-ven. 12h-15h et 18h-23h, sam.-dim. 12h30-15h30 • Licence d'alcool • Résa au moins 1 semaine avant • Tenue correcte exigée.

BB Social dining

Fusion 16 Plan D2

Cette adresse remarquée de DIFC est un point de rendez-vous social et chaleureux qui, paradoxalement, se calfeutre discrètement à l'abri des regards. Tout en escaliers et recoins, chaque niveau attise l'appétit (terrasse, lounge, bar) et la carte joue les intrigantes « arabo-asian » avec des *bao* (pains farcis), *bowls*, *bites* et BBQ. Le tout est merveilleusement bon.

Gate Village 8, à côté du Four Seasons Hotel • M° Emirates Towers • 04 407 4444 • www.thisisbb.com • Sam.-mer. 12h-minuit, jeu.-ven. 12h-1h • Cauliflower popcorn : *42 Dhs • Licence d'alcool.*

Zuma

Japonais 17 Plan D2

La réputation de cet immense Izakaya, restaurant-bar à vin japonais sur deux étages, n'est plus à faire. Il est connu pour ses lunchs d'affaires, mais aussi pour son ambiance plus mixte et très en vogue les soirs de week-end avec son magnifique bar à saké. À la carte, tradition sophistiquée, le bon plan reste le menu Ebisu Express du midi à 76 Dhs avec sa miso soup.

Gate Village 6 • M° Emirates Towers • ☎ 04 425 5660 • www.zumarestaurant.com • Déjeuner : lun.-ven. 12h-15h30, sam. 13h30-16h, dim. 12h-16h; Dîner : dim.-mer. 19h-minuit, jeu.-sam. 19h-1h • Résa conseillée • Licence d'alcool.

View

Restaurant-Chicha 18 Plan D2

L'architecture de cette tour réputée emprunte le geste de salutation thaïlandais wai : deux mains jointes pour vous accueillir agréablement, comme dans ce joli lieu à ciel ouvert en rez-de-chaussée, dissimulé à l'arrière d'un restaurant. Installez-vous confortablement sur le deck en ciment. Vous oublierez rapidement le bruit de la rue pour faire un focus sur les tours de Downtown. Commandez une chicha pour l'ambiance.

Dusit Thani Hotel, 133, Sheikh Zayed Road; RDC, accès par le restaurant Jones The Grocer • M° Financial Centre • ☎ 04 317 4515 • www.dusit.com/dusitthani-dubai/dining • T.l.j. 18h-2h ; f. l'été • Chicha : à partir de 120 Dhs. .

Hoi An

Vietnamien

19 Plan D2

Voici un bon restaurant de cuisine vietnamienne avec une touche contemporaine. Ambiance coloniale feutrée et service de qualité. Vous trouverez une variété de plats aux saveurs traditionnelles et un brunch Khai Vi à partir de 199 Dhs. À la carte, goûtez le các loai pho (65-130 Dhs) ou le Cà RI à base de curry rouge, basilic et lait de coco (115-140 Dhs).

Shangri-La Hotel, level 1, Sheikh Zayed Road • M° Financial Centre • ☏ 04 405 2703 • www.hoiandubai.com • T.l.j. 19h-23h • Menu : 285 Dhs • Licence d'alcool.

Al Safadi

Libanais

20 Plan D2

Le signe qui ne trompe pas : le nombre de têtes portant les coiffes typiques du Moyen-Orient, dont le *gutrah* (ou keffieh) – le foulard des hommes émiriens. Une renommée bien méritée pour cet excellentissime restaurant libanais dans un cadre modernisé. La carte est un classique du genre (vous mangez ce que vous voyez), l'attente plutôt express et les prix très honorables.

Sheik Zayed Road, non loin du Dusit Thani Dubai Hotel • M° Financial Center • ☏ 04 227 9922 • www.alsafadi.ae • T.l.j. 9h-0h30 • Entrée et plat : à partir de 20 Dhs.

Bars, clubs Sorties

Boca

Bar-restaurant

7 Plan D2

Suivez les éclats de voix aux heures de sortie de bureaux, un aimant attractif... Ce bar-restaurant du DIFC s'est d'abord fait remarquer pour ses tendances eco-friendly et la qualité de ses huîtres en provenance de Dibba Bay. Cerise sur le bar, Boca sait aussi recevoir. Un vrai lieu de rencontre animé qui s'ouvre sur une terrasse. Pas sûr que vous trouviez où vous asseoir !

Gate Village 6, DIFC • M° Emirates Towers • ☏ 04 323 1833 • http://boca.ae • T.l.j. 12h-2h; happy hour : t.l.j. 15h30-19h30, ven. 12h-19h30; tous les verres à 38 Dhs; Ladies Night *: mar. 16h30-19h30 , 2 verres à la carte offerts • Verre de vin à partir de 50 Dhs; cocktails : 45-100 Dhs • Résa restaurant conseillée • Tenue correcte exigée.*

Luna Dubai

Bar lounge

8 Plan D2

Soyons honnête, il sera décevant de monter au 8e étage de l'hôtel si vous n'êtes pas placé en terrasse. À l'intérieur, les tables, trop basses, n'offrent pas vraiment la décontraction souhaitée pour apprécier d'y grignoter quelques bouchées ! La solution : trouver une place sur le rooftop qui, malgré sa hauteur modeste, vous projette au milieu des gratte-ciel éblouissants.

Four Seasons Hotel, level 8, Gate Village, Building 9, DIFC • M° Emirates Towers • ☏ 04 506 0300 • www.lunadubai.com • T.l.j. 17h-3h; Happy hour (nommé Happy O'Clock) : lun.-ven. 17h-20h; Ladies Night : mer. 19h-22h • Verre de vin à partir de 65 Dhs; cocktail à partir de 75 Dhs • Résa conseillée • Tenue correcte exigée.

La Cantine du faubourg

Bar-brasserie

9 Plan D2

Rendez-vous dans une brasserie populaire « smart-chic » au sein même des Emirates Towers à Dubaï ! Ici, c'est un mélange entre une galerie d'art, des projections vidéo, de la musique live, un espace lounge et un restaurant avec une magnifique terrasse. Une cuisine française urbaine au beau milieu d'une oasis.

Emirates Towers Hotel, 1st floor, Trade Centre 2 • M° Emirates Towers • ☏ 043 527 105 • www.lacantine.ae/fr • Lun.-jeu. 12h-2h, ven. 12h-3h, sam. 19h-3h, dim. 19h-2h • Cocktails : 62-78 Dhs; verre de vin : à partir de 65 Dhs; plats : 95-300 Dhs.

Monkey Bar

Bar

10 Plan D2

Monkey Bar

Quel emplacement en or pour cette adresse ! La vue directe sur le Museum of the Future fait de ce bar en vogue un intemporel des soirées panoramiques à s'offrir à Dubaï. On regrette toutefois le prix exorbitant d'une table à partager après 21h, ou les quelques tables d'entrée de terrasse où l'on se retrouve assis sur des marches ou des tabourets. Ambiance animale et puissante garanties avec walk-in au bar ou cages-banquettes (à privatiser). Sauvage !

25Hours Hotel One Central, level 6, Trade Center Street • M° Emirate Towers • ☏ 04 210 2566 • www.monkeybardubai.com • Dim.-jeu. 17h-2h, ven.-sam. 17h-3h • Tiki cocktails : 65-75 Dhs ; Monkey Draught (bière pression) : 45 Dhs • Tenue correcte exigée • Résa obligatoire pour une table (par WhatsApp uniquement : 05 6508 9865).

Blue Bar

Club de jazz

11 Plan D2

L'un des bars de qualité et sans prétention pour les amateurs de jazz, de blues, Motown, latino, arabe et même de stand up comedy… Animé surtout le week-end par des groupes de musiciens émergents. L'endroit n'est pas grand, mais le comptoir est spacieux. Des prix raisonnables avec des cocktails aux noms qui swinguent justes. Les concerts y sont généralement gratuits, renseignez-vous sur la programmation !

Novotel Hotel, World Trade Centre, Al Mustaqbal Street • M° World Trade Centre • 04 332 0000 • www.novotel-dubai-world-trade-centre.com • T.l.j. 15h-2h ; Live Music Marvin and The Mojos : ven. 21h : accès libre; Mad Cat Comedy Club : 70 Dhs • Cocktail : 54 Dhs; bière : 34 Dhs.

Fibber Magee's

Pub

12 Plan D2

De l'extérieur, une façade aux couleurs du trèfle irlandais. Dedans, une pièce étroite digne d'une taverne campagnarde avec des tonneaux, des poutres massives et un parquet usé, c'est à s'y méprendre ! Un pub à l'authenticité bien réelle puisque Fibber Magee's officie depuis les 1990's, l'équivalent d'un siècle en années dubaïotes. Sessions de sport live et musique live régulières, consultez leurs réseaux sociaux.

Sheikh Zayed Road, derrière Saeed Tower 1 • M° World Trade Centre • 04 332 2400 • https://fibbersdubai.com • T.l.j. 8h-2h; happy hour : dim.-ven. 13h-19h, verre à partir de 20 Dhs ; Monday Madness : t.l. lun. 8h-23h, 220 Dhs (verres et nourriture à volonté) • Bière : env. 30 Dhs.

Level 43 Sky Lounge

Bar

13 Plan D2

À ne pas rater lors de votre passage à Dubaï, sauf si vous êtes sujet au vertige. Venez admirer ce bar réputé en plein air, installé au 43e étage du Four Points, à plus de 155 m au-dessus du sol avec l'un des plus spectaculaires points de vue sur la ville. Du haut de sa terrasse aux couleurs néons, on observera l'étendue de la très fréquentée et animée Sheikh Zayed Road. À vous les photos avec la ville illuminée en arrière-plan !

Four Points by Sheraton Hotel, level 43, Sheikh Zayed Road • M° Financial Centre • 056 414 2213 • www.level 43lounge.com • T.l.j. 14h-3h; musique live ven. et sam. soir ; Ladies Night : lun.-mar. 21h-minuit (99 Dhs) • Cocktail à partir de 70 Dhs; bières : 47-56 Dhs

The Theater

Dîner-spectacle

14 Plan D2

Programmation mystérieuse à la croisée d'un cabaret, d'un cirque, d'une revue et d'un one man show, The Theater, de son nom tout simple, nous dit que chaque show est unique, magique, ardent. Ça chauffe aussi du côté du portefeuille avec une enveloppe pharaonique pour la seconde représentation. La première chiffre une ardoise plus digeste, repas inclus. Un dîner-spectacle à faire de bonne heure donc !

The Fairmont Dubai, Trade Center 1 • M° World Trade Centre • ☏ 04 222 2268 • www.thetheaterdubai.com • T.l.j. 2 représentations. 19h : 300 Dhs minimum/pers. ; 22h : 1 000 Dhs minimum/pers.

Hôtels B&B

Staybridge Suites Dubai Financial Center

Appartements

Ces appartements très confortables au design scandinave, entièrement rénovés, offrent une vue imprenable sur Dubaï. Ils sont faciles d'accès avec le métro à proximité et très bien situés pour visiter les principaux sites touristiques.

IHG Hotel Sheikh Zayed Road • M° Financial Centre • ☏ 04 343 4347 • www.ihg.com/staybridge • Entre 450 et 1080 Dhs.

25Hours Hotel One Central

Hôtel design

Cette chaîne d'hôtels allemande propose un lieu ultra design au décor ludique, surplombant l'esthétisme renversant du Museum of the Future. Dans ses atouts, on peut énumérer un lobby à tomber, des bars et des restaurants au look recherché et la possibilité de louer des voitures ou des vélos.

Trade Center Street • M° World Trade Centre • ☏ 04 210 2525 • www.25hours-hotels.com/en/hotels/dubai/one-central • Entre 260 et 550 Dhs.

Dubai Flea Market

Vous aimez chiner ? Le week-end, un vide-grenier itinérant envahit les parcs de la ville pour un déballage d'articles d'occasion. Tous les objets *second hand* sont vendus par des résidents aux multiples nationalités, résolus à faire du tri. Vous êtes assuré de trouver des trésors (ou de la pacotille !) venus du monde entier. Connectez-vous sur le site et les médias sociaux pour vous tenir informé des prochaines ventes.

☏ 05 6788 2348 • www.dubai-fleamarket.com • Voir le calendrier en ligne.

Shopping Cadeaux

1847

Spa hommes 4 Plan D2

L'un des premiers spas pour hommes établis à Dubaï et l'une des meilleures références en la matière. Le cadre ressemble beaucoup à un club anglais. Les soins sont donnés par des hommes ou des femmes. Les plus réputés sont le soin du visage et l'épilation de la barbe au fil, pour une précision inégalable.

Gate Avenue, 1st Floor, DIFC • M° Emirates Towers ou Financial Centre • ✆+9718001847 • https://1847formen.com • T.l.j. 10h-22h • Autres adresses à City Walk, Marina JBR et Abu Dhabi.

Momentum

Horloger vintage 5 Plan D2

Depuis 2011, des passionnés de belles tocantes se sont associés pour exposer une collection impressionnante de montres uniques et vintage. Prenez le temps de trouver la pièce rare, ces somptueux mouvements ont un prix ! Si vous êtes à la recherche d'une série limitée, pariez sur cette équipe de mordus des rouages pour partir en chasse. Ils sont aussi acheteurs, réparateurs…

The Gate Building, Marble Walk, level B1, DIFC • M° Emirates Towers • ✆04 3274 320 • https://momentum-dubai.com • Lun.-ven. 10h-20h, sam. 12h-18h.

Akin Barber Shop

Barbier 6 Plan D2

Messieurs, voici la ligue des hommes coquets aux allures vestimentaires bien ajustées ! Le barber shop trendy est le salon des dandys pomponnés. Aiguisez vos pointes de moustache, débroussaillez vos barbes (85 Dhs), taillez vos pattes et sculptez vos cheveux à la cire… Vous reviendrez comme un galant, pour le plaisir de ces dames ou le vôtre. Akin vend aussi quelques accessoires et vous offre le café et le voiturier dans l'un des plus beaux hôtels de la ville.

25Hours Hotel One Central, Trade Center Street, dans le lobby à droite, 6th Floor • M° World Trade Centre • ✆05 2364 7092 • www.akinbarbershop.com • T.l.j. 9h-22h.

NOTRE TOP DES MALLS

Certains les adulent, fascinés, d'autres les fuient, exaspérés. Quel que soit votre penchant pour le lèche-vitrine, vous aurez probablement affaire à eux car aux Émirats plus qu'ailleurs, le centre commercial reste un acteur incontournable de la vie sociale et culturelle. Voici les plus appréciés :

Dubai Mall

Mall of the Emirates

Sous les feux de la rampe pour sa piste de ski, « MOE » est aussi apprécié pour sa situation centrale.

Voir p. 122, Dubai Marina et JBR.

Mercato Shopping Mall

Coloré et de taille raisonnable, un des chouchous des Dubaïotes.

Voir p. 91, Jumeirah et Satwa.

Dubai Mall

C'est le plus grand au pied du Burj Khalifa… Un challenge pour ceux qui souhaitent en faire le tour !

Voir p. 66, Downtown Dubai.

Dragon Mart

Un aller direct pour la Chine et un bazar couleur locale à prix imbattables.

Voir p. 159, Autour de Dubaï.

LES SECRETS D'UN SUCCÈS

Dubaï est la ville où l'on peut tout imaginer, tout accomplir… Elle explore un champ des possibles où, des chimères à la réalité, il n'y a parfois qu'un pas. Certes il lui reste encore beaucoup à parcourir, de défis à relever et de valeurs à transcender. Mais la cité peut être fière du chemin parcouru en un demi-siècle seulement. Elle vous intriguera, vous émerveillera ou peut-être même vous horripilera ! Mais nul doute que vous ne resterez pas insensible…

Le buzz professionnel

La crise de 2008 a durement frappé Dubaï, qui a dû, un moment, cesser son immense chantier. Aujourd'hui, la ville s'est relevée et les travaux ont repris. Les étrangers ne s'y sont d'ailleurs pas trompés, venant toujours nombreux, leurs valises pleines d'ambitieux projets. Le droit de résidence émirien repose essentiellement sur le **visa de travail**, ce qui explique qu'il y ait peu de retraités. Sa durée d'obtention étant étendue jusqu'à 5 ans *(green visa)* pour tous ceux qui apporte un talent, un savoir-faire, un auto-entreprenariat… et à 10 ans pour les VIP *(golden visa)*. Cela favorise ainsi le maintien d'une **population toujours active et dynamique**. À Dubaï, on travaille souvent 6 jours sur 7. L'économie de l'État est fondée sur le tourisme, l'immobilier et la bonne redistribution des revenus des expatriés. On visite, on s'amuse, on sort, on dépense… la vie est un tourbillon de fêtes qui vient compenser de longues heures de travail.

Dubai Fountain

Une société de loisirs

Destination populaire, l'émirat se classe second après Paris, dans le Top 100 City Index 2021, compilé par la société d'études de marché britannique Euromonitor International. L'organisation de Dubai Expo 2020 et la gestion efficace au niveau santé publique après la Covid-19 expliquent cette **attractivité**. Parmi ses atouts, un climat chaud 365 jours par an et la grande offre de ses **infrastructures**

de loisirs attirent le grand public. L'été, le thermomètre taquine les 50 °C, les activités en intérieur sont donc privilégiées. Chaque mall, ou presque, propose des occupations attrayantes et de nombreux musées ont été inaugurés ou sont dans les starting-blocks. L'hiver, les températures (nettement plus agréables) orientent les habitants vers les animations de plein air. Pour se la couler douce, on a le choix entre plages, sports nautiques, jardins et parcs d'attractions.

La culture, le nouveau boom touristique

Pour se donner les moyens de son ambition, **devenir la destination touristique mondiale numéro 1**, Dubaï élargit son offre. L'Expo 2020 a largement favorisé la reprise dans les secteurs de l'aviation, du tourisme et de l'hôtellerie. En 2021, Dubai International Airport reste d'ailleurs en tête des aéroports les plus fréquentés du monde. Une ville qui souhaite monopoliser le marché touristique ne peut l'envisager sans une **offre culturelle** sérieuse et diversifiée. Stimulé par la réussite de sa voisine Abu Dhabi, le gouvernement concentre désormais ses investissements dans deux domaines privilégiés : la sauvegarde de son patrimoine et l'ouverture au monde artistique et intellectuel international. En témoigne l'**organisation d'événements** comme Art Dubai (p. 202) ou Dubai Design Week (p. 203). De même, le site Coca-Cola Arena (p. 89) peut accueillir 17000 visiteurs, de quoi attirer festivals, concerts et les manifestations sportives les plus ambitieuses. Dans les projets achevés récemment, le Museum of the Future (p.49) devrait aussi booster la ville sur le plan de l'innovation et du design.

Dubai Expo 2020, le rayonnement durable en marche

Une première au Moyen-Orient, l'Exposition universelle s'est tenue à Dubaï du 1er octobre 2021 au 31 mars 2022 (Covid oblige). Avec **192 nations participantes et 24 millions de visiteurs**, l'un des objectifs essentiels du projet était de laisser un héritage significatif et durable tout en accueillant un vaste panel d'acteurs mondiaux aux horizons et talents les plus divers (Thomas Pesquet, Malala Yousafzai, Coldplay…). 80 % des infrastructures trouveront un second souffle au cœur d'un nouveau quartier : **Expo City Dubai**. Résidences, start-up, pistes cyclables, voies piétonnes interconnectées, itinéraire pour véhicules autonomes… La ville du futur est déjà en marche ! Parmi les attractions les plus courues de l'Expo que vous pouvez toujours visiter : le dôme de projection et la scène de concert Al Wasl Plaza, les pavillons des ÉAU, d'Arabie Saoudite, Sustainability et Mobility, les fontaines Expo Water, ou bien la plateforme d'observation rotative The Garden in the Sky culminant à 55 m au-dessus du sol. ■

Pour voir ou revoir les temps forts : https://virtualexpodubai.com • Pour organiser votre visite : www.expocitydubai.com/en

DOWNTOWN DUBAI ET LE BURJ KHALIFA 4

Emblème incontournable de la ville, l'immense tour du Burj Khalifa anime le tout-Downtown, de jour comme de nuit. Ici, les Dubaïotes prennent le temps de vivre : promenades, terrasses et restaurants animés sont toujours plus nombreux. Sans oublier le plus grand mall du monde, pour assouvir ses envies irrépressibles de shopping.

Downtown et le Burj Khalifa

1 Burj Khalifa✦✦✦

Visitez le plus haut bâtiment du monde, magnifique monument fait de verre et d'aluminium conçu par l'architecte Adrian Smith pour Skidmore, Owings & Merill. Depuis 2010, ce chef-d'œuvre urbain à la silhouette élancée est la fierté de Dubaï, mais aussi l'emblème des Émirats arabes unis. Unique avec sa structure modulaire en forme de Y, vue de la base ou du ciel, il est évocateur des dômes répandus dans l'architecture islamique. À faire de préférence au coucher du soleil.

Des chiffres démesurés

Située au cœur de Dubaï, cette immense tour, haute de 828 m, compte 160 étages. Elle fait partie d'un complexe urbanistique de 2 km^2 – Downtown Dubai –, appartenant à Emaar Properties et qui comprend plus de 30 000 logements, ainsi que le Dubai Mall, le Burj Park et un lac artificiel ! À l'origine, le Burj Khalifa fut baptisé Burj Dubai. Il changea de nom lors de son inauguration, en l'honneur du souverain d'Abu Dhabi, le Sheikh Khalifa bin

Zayed Al Nahyan, qui finança la fin des travaux alors que Dubaï était frappé par la crise en 2008.

Une conception spectaculaire

Selon les rumeurs, le design en « Y » de la tour devait représenter la fleur d'*Hymenocallis genus* (ou lys araignée)… Or, d'après Bill Baker, ingénieur en chef du projet, la conception du bâtiment intègre des éléments culturels et historiques propres à la religion musulmane, comme le minaret en spirale qui s'affine en s'élevant vers les cieux. Devenu un lieu d'événements majeurs, le Burj Khalifa est la tour de toutes les prouesses architecturales et techniques. Pour tenir debout, il s'appuie sur un noyau hexagonal renforcé par trois contreforts formant le « Y », depuis lesquels il peut ensuite s'élever en s'affinant. L'avantage de ce type d'architecture est qu'il n'y a pas de prise au vent. Grâce à sa structure primaire en béton armé, la tour est conçue pour résister aux secousses sismiques.

Rendez-vous *at the top* !

En novembre 2013, le prince héritier **Hamdan bin Mohammed bin Rashid Al Maktoum** salue la victoire de Dubaï dans la course à l'organisation de l'exposition universelle de 2020, en faisant battre son drapeau en haut de l'antenne à 829,8 m ! Le grand classique pour visiter : Observation Decks, avec deux formules au choix, At the Top à 456 mètres (124-125e étages) et At the Top Sky formule VIP à 555 mètres, un record pour une plateforme d'observation (148e puis 124-125e étages). L'ascension est spectaculaire (10 m/s) et la vue époustouflante. La nuit c'est tout simplement magique ! Envie de découvrir les cieux autrement ? Allez prendre un thé à 585 mètres (152-154e étages) à **The Lounge** (à partir de 759 Dhs/pers.), faites un BBQ et un plongeon dans la piscine du **Burj Club** (à partir de 259 Dhs/pers.), ou offrez-vous une nuit luxueuse à The Armani Hotel (☎ 04888 3888 ; www.armanihoteldubai.com ; à

Pause mamma mia chez Eataly

Originaire de Turin, l'enseigne s'est installée à Dubai Mall en 2013. Une adresse de connaisseurs et un classique absolu. Autour de l'épicerie de luxe et du restaurant, des comptoirs de dégustation se succèdent avec, à chaque fois, des surprises délicieuses. La pizza chez eux, « c'est une affaire sérieuse ! » (69 Dhs la Calzone Siciliano) et le pain walnut rustic aux noix (15 Dhs) est divin, à tester avec ses huiles d'olive millésimées !

21 Dubai Mall, lower ground floor • ☎ 043308899 • www.eatalyarabia.com • Lun.-ven. 9h-minuit, dim 9h-1h.

partir de 1 400 Dhs/chambre en été, 2 400 Dhs en hiver).

1, Mohammed Bin Rashid Boulevard • www.burjkhalifa.ae • M° Burj Khalifa Dubai Mall • ☎800 2884 3867 • T.l.j. 9h30-minuit • At the Top (accès par Dubai Mall) : heures creuses 159 Dhs, heures pleines 234 Dhs ; At the Top Sky : heures creuses 389 Dhs, heures pleines 543 Dhs; résa en ligne conseillée.

2 Dubai Mall✦✦✦

Le Dubai Mall n'est pas seulement un temple de la consommation ; c'est une institution culturelle et sociale aux Émirats. Plébiscité par des visiteurs inlassables (environ 80 millions par an !), il détient le titre du centre de shopping et de loisirs le plus visité de la planète. Plus de 1 200 boutiques, 200 restaurants et de multiples animations en font un lieu à part. Vous n'avez jamais rien vu de tel !

Un espace de vie

Les malls sont représentatifs de cette vaste société de consommation émirienne, et dans un pays où il faut composer avec les caprices du climat désertique, c'est le lieu de sociabilisation par excellence : espace de rencontres, d'échanges, de sorties mondaines ou décontractées et d'animations. Vous pouvez y voir des spectacles et pratiquer des activités, jusque tard dans la nuit. Parmi tous les malls qui poussent chaque année, Dubai Mall reste le chouchou du grand public. Véritable ville dans la ville, ici tout se fait à pied ou en voiturette électrique.

Paradis du shopping

Depuis son inauguration en 2008, le Dubai Mall bat tous les records de fréquentation. Il est l'un des filons économiques de la ville avec une surface commerciale de plus de 12 000 000 m² et des loisirs répartis autour de différents secteurs, comme la **Fashion Avenue**, le **Gold Souk** ou **The Waterfall**. C'est aussi un aimant à touristes qui ne cesse de s'agrandir au fil des ans. En 2019, une nouvelle aile reliée par une passerelle de 200 mètres a été achevée de l'autre côté de Financial Centre Road, le **Dubai Mall Zabeel**. L'intérieur de l'extension se veut plus « underground » avec des bétons bruts, des plafonds bas à la tuyauterie apparente… on y trouve même une piste de karting sur le toit.

Des activités pour tous…

Le Dubai Aquarium est un bassin de 10 millions de litres réunissant plus de 33 000 animaux marins, dont des raies, des requins et 140 espèces de poissons. Le super tank, gigantesque, mesure 51 m de long, 20 m de large et 11 m de haut. Pour mieux vous approcher, empruntez le tunnel sous-marin, embarquez dans un bateau à fond transparent ou même, plongez dans le grand bleu ! Poursuivez la visite à l'Underwater Zoo, une forêt tropicale regroupant plusieurs écosystèmes marins avec méduses, pingouins et même un crocodile australien de 40 ans mesurant 5 m de long ! À Dubai Ice Rink, testez votre équilibre sur une patinoire olympique et à The Emirates A380 Experience, devenez pilote du jumbo dans un simulateur de vol ! Dans les belles nouveautés, Infinity des Lumières est le plus grand centre d'art numérique

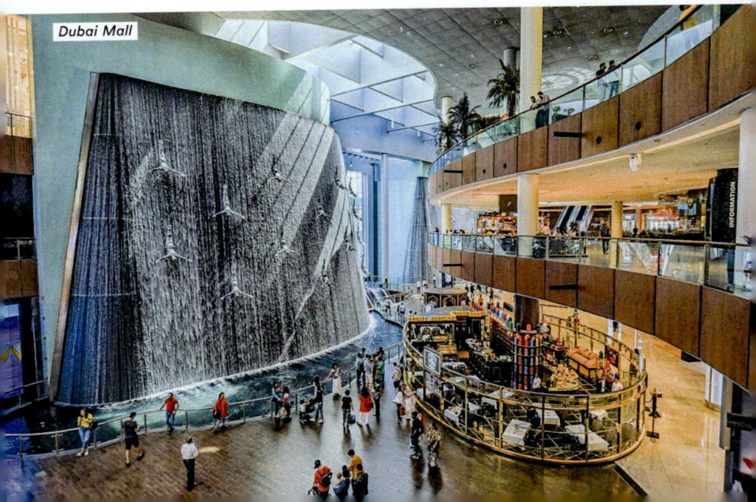

Dubai Mall

immersif de la région, projetant des expos digitales de qualité grâce notamment au savoir-faire des Français Culturespace Digital.

.... et surtout pour les jeunes

Les enfants et les ados sont rois au pays du pétrole, en voici la preuve : **Kidzania** est une ville réduite à l'échelle des enfants, où vos bambins peuvent s'essayer à différents métiers. **VR Park** propose une immersion dans la réalité virtuelle et **Hysteria** une expérience hantée comme dans un film d'épouvante. Pour les passionnés d'archéologie, **Dubai Dino**, un véritable squelette de diplodocus de 24 mètres de long, vous transportera à l'ère du Jurassique (accès libre). Sans oublier les nombreux cinémas, 3D, 4D ou en plein air.

Financial Centre Road • M° Burj Khalifa Dubai Mall • ☎8003 8224 6255 • www.thedubaimall.com • Lun.-jeu. 10h-minuit, ven.-dim. 10h-11h.

Dubai Aquarium et Underwater Zoo : *https://thedubaiaquarium.com • Entrée : à partir de 169 Dhs.*

Ice Rink : *https://dubaiicerink.com • À partir de 93 Dhs.*

Emirates A380 Experience : *http://emiratesa380experience.com • Entrée : à partir de 160 Dhs.*

KidZania : *https://dubai.kidzania.com • Entrée adulte : 80 Dhs; enfant 4-16 ans : 110-195 Dhs.*

VR Park : *www.vrparkdubai.com • Entrée : Pass à partir de 200 Dhs.*

Hysteria : *http://hysteria.ae • Entrée : 100 Dhs.*

Infinity des Lumières : *www.infinitylumieres.com • Entrée : à partir de 125 Dhs résa en ligne à prix réduit.*

3 Souk Al Bahar✦✦

Le Souk Al Bahar ou « marché du marin » est un mélange de tradition et de commodité en plein centre-ville. Retrouvez l'architecture typique d'un souk arabe, façon contemporaine. Les nombreux restaurants, cafés et boutiques sont situés principalement le long de la vaste promenade qui surplombe les fontaines de Dubaï. Idéal pour dîner en terrasse ou prendre un verre.

Sheikh Mohammed Bin Rashid Boulevard • M° Burj Khalifa Dubai Mall • ☎04 362 7011 • www.soukalbahar.ae • Boutiques : dim.-jeu. 10h-22h, ven.-sam. 10h-23h; restaurants : horaires variables.

4 Dubai Fountain✦✦✦

Assister au spectacle des fontaines sera parmi les souvenirs les plus inoubliables de votre séjour. De multiples jets d'eau (plus de 1 000 combinaisons possibles) s'élancent au-dessus du lac artificiel de 12 ha du Burj Khalifa. Une chorégraphie enchanteresse sur plus de 900 mètres sur de la musique classique, arabe et contemporaine. C'est en soirée, lorsque les lumières dansent avec les envolées d'eau, que le spectacle et l'ambiance sont les plus fabuleux. Pour compléter la féerie, la reine des tours se colore parfois d'images vibrantes grâce à une technologie LED unique en son genre. 72 km de câbles et 10 000 connecteurs sont nécessaires pour couvrir les 33 000 m² de surface animée. Options de visite : pour vous rapprocher du ballet sur le lac, voguez à bord d'un *abra* ou marchez sur une plateforme flottante The Boardwalk.

Dubai Mall Promenade (accès par le Dubai Mall ou le Souk Al Bahar) • M° Burj Khalifa Dubai Mall • 04 362 7500 • www.burjkhalifa.ae/en/downtown-dubai/the-dubai-fountain • Spectacle t.l.j. 18h-23h, toutes les 30 min en accès libre; à la journée, sam.-jeu. 13h, 13h30 et 14h, ven. 13h30, 14h et 14h30 • The Fountain Lake Ride : 68 Dhs/pers. (à partir de 4 ans); The Fountain Boardwalk : 20 Dhs/pers. (à partir de 3 ans), t.l.j. 19h45-23h15.

5 Sheikh Mohammed Bin Rashid Boulevard✦

Cette avenue circulaire ceinturant Dubai Mall et Burj Khalifa est une adresse en vogue. De nombreux restaurants et hôtels y ont ouvert et ses larges trottoirs permettent de déambuler agréablement. Elle donne aussi accès à **Burj Park,** une promenade située sur une île le long du lac de Burj Khalifa. Ne vous attendez pas à un jardin arboré, c'est essentiellement une grande pelouse parfois utilisée pour des animations et des concerts. Très bon spot pour admirer la vue sur Downtown, vous pouvez ensuite rejoindre Dubai Fountain par une autre entrée.

Sheikh Mohammed Bin Rashid Boulevard • M° Burj Khalifa Dubai Mall.

Dubai Design District - D3

6 Dubai Design District – D3✦✦

Véritable lieu de rencontre et d'expression, c'est le quartier urbain de Dubaï qui monte. Innovant, avant-gardiste et futuriste, D3 est un laboratoire vivant à la pointe des tendances, un *hub* de créatifs faisant la part belle à la mode et au design. Ateliers design, pop-up, boutiques pour hipsters élégants et restaurants à la déco renversante, tout est minutieusement pensé pour coller à l'esthétique ambiante. Les architectes, les joailliers de luxe et les grandes maisons de couture ont pris leurs quartiers ici depuis l'ouverture et des stylistes émergents, fusionnant les cultures, en ont fait leur fief, comme Zaid Farouki, le nom montant des ÉAU, Michael Cinco, Maison Yeya et Amato Couture, qui habillent déjà toutes les stars hollywoodiennes. En novembre, l'événement **Dubai Design Week** (voir p. 203) est désormais une référence, une semaine d'expositions et de festivités pour réunir tous les acteurs du secteur.

Entre Al Khail Road et Ras Al Khor Road • M° Burj Khalifa/Dubai Mall, puis prendre le bus D3 à la sortie du métro • ☎04 04 433 3000 • https://dubaidesigndistrict.com • T.l.j 7h-2h; horaires variables selon les boutiques et restaurants.

Restos | Bars | Hôtels | Shopping | Activités

Restos Bistrots

Kanpai

Japonais

22 Zoom Downtown Dubai

Avec une jolie vue dominante sur les fontaines, ce restaurant propose des mets que les sushis lovers apprécieront. Une atmosphère du Levant cosy et colorée, pour dîner en tête à tête ou entre copains.

Souk Al Bahar, level 3 • M° Burj Khalifa/Dubai Mall • ☎04 441 9262 • www.kanpaime.com • T.l.j. 13h-2h • Salade de papaye : 45 Dhs; sushis à volonté : 299 Dhs/pers. dim. et lun. 13h-23H • Résa conseillée • Licence d'alcool.

Abd el Wahab

Libanais

23 Zoom Downtown Dubai

Voici un restaurant à la décoration très rudimentaire, que la situation aux premières loges du spectacle des fontaines vous fera vite oublier. Commandez les yeux fermés des *mezze*, des viandes grillées, un jus frais citron-menthe ou un thé, et finissez avec un *mouhalabieh* ou un *umm ali*, deux délicieux desserts typiquement arabes. Une cuisine libanaise plutôt fine et authentique, la viande fond dans la bouche.

Souk Al Bahar, level 3 • M° Burj Khalifa/Dubai Mall • ☎04 423 0988 • https://hhh-me.com/abdelwahab • T.l.j. 12h30-00h30 • Entrée : à partir de 23 Dhs, plat : à partir de 50 Dhs • Licence d'alcool • Résa conseillée.

Wafi Gourmet

Libanais

24 Zoom Downtown Dubai

Les amateurs de cuisine libanaise raffolent de ce célèbre restaurant-traiteur avec vue sur les fontaines. Une réputation méritée grâce à sa variété de *mezze* (*halloumi* 38 Dhs, *fattouch* 35 Dhs), brochettes grillées et pâtisseries maison (*mouhalabieh* 30 Dhs ou *knafa* 35 Dhs). À emporter, laissez-vous tenter par les pyramides d'olives, la confiture de figues et les confiseries de nougat aux multiples parfums.

Dubai Mall, lower ground floor; en face des fontaines • M° Burj Khalifa / Dubai Mall • ☏04 330 8297 • www.wafigourmet.com • T.l.j. 10h-1h.

Time Out Market Dubai

Cantine

25 Zoom Downtown Dubai

Le célèbre magazine culturel vous offre un concentré des meilleurs restaurants (selon lui) à prix abordables. Un vrai reflet des tendances culinaires de Dubaï, en plein cœur d'un quartier où il y a tant à visiter. Le lieu fonctionne comme une *food court* mais en plus attractif : les stands sont disséminés autour d'une cantine de tables hautes. Rustique certes, mais avec un bar bien garni et parfois des concerts.

Souk Al Bahar, level 3 • M° Burj Khalifa/ Dubai Mall • infodxb@timeoutmarket.com • https://www.timeoutmarket.com/dubai/ • Lun.-jeu. 12h-minuit, ven. 12h-1h, sam. 10h-1h, dim. 10h-minuit • Prix variables selon les stands • Licence d'alcool.

Thiptara

Thaïlandais

26 Zoom Downtown Dubai

À l'arrière des jardins du Palace Downtown, ce havre thaïlandais sophistiqué offre une perspective incomparable sur les Dubai Fountains et le cyclorama du Burj Khalifa. Une terrasse aux lattes de bois exotique borde littéralement les eaux du lac. Les saveurs (et les prix !) sont à la hauteur du décor et les portions sont généreuses ; impossible de venir à bout du menu à partager (à partir de 395 Dhs/pers.), un assortiment de plats typiques bien parfumés.

Palace Downtown, lobby level • M° Burj Khalifa/Dubai Mall • ☏04 428 7961 • www.addresshotels.com/en/restaurant/thiptara • T.l.j. 18h-23h30. 2 services : 18h et 21h • Minimum de dépense/pers. : 300 Dhs • Licence d'alcool • Résa indispensable.

Wafi Gourmet

Dubai Opera

Roka

Japonais 27 Plan D3

Il faudra réserver pour espérer avoir une place en terrasse les soirs de week-end. Dedans ou dehors, l'adresse ne désemplit pas avec une cuisine Robatayaki (BBQ au charbon) bien maîtrisée, dans un cadre qui a tout pour plaire et des prix étonnamment raisonnables. Situé dans le sublime building Opus signé Zaha Hadid Architects, le restaurant à l'ambiance végétalisée offre une terrasse en longueur orientée sur Business Bay et Downtown.

The Opus by Omniyat, level 1, Al A'amal Street, Business Bay • M° Business Bay • 04 439 7171 • www.rokarestaurant.com • Dim.-jeu. 12h-15h30 et 18h30-minuit, ven.-sam. 12h-15h30 et 18h30-1h • Entrée à partir de 35 Dhs ; plat à partir de 80 Dhs • Licence d'alcool • Résa conseillée.

Wagamama

Japonais 28 Zoom Downtown Dubai

On y mange assis sur les bancs d'une grande table conviviale. Un restaurant japonais tout en bois et larges baies vitrées, un *noodle bar* dont on aime le service rapide et la vue sur les cuisines ouvertes. Les plats sont bons, copieux et à des prix très raisonnables.

Dubai Mall, lower ground floor • M° Burj Khalifa/Dubai Mall • 04 320 3237 • www.wagamama.ae • T.l.j. 12h-22h • Plats : 50-75 Dhs.

Akiba Dori

Japonais fusion 29 Plan E3

L'intérieur s'inspire de l'ambiance nocturne et électrique du quartier tokyoïte Akihabara : néons, arcade vidéo et chemin pavé à l'aspect détrempé. Ici, le plat signature est la pizza napolitaine version « tokyopolitan ». La pâte, plus légère et extensible, lève pendant 26 heures et cuit au feu de bois moins d'une minute à 500 °. Divine, la 5 Formaggi, arrosée d'un soupçon de miel d'acacia (73 Dhs).

Building 8 Unit 5, Dubai Design District • 04 770 7949 • https://akibadori.com • T.l.j. 12h-minuit • Licence d'alcool • Âge : plus de 13 ans après 19h.

The Light House

Méditerranéen 30 Plan E3

C'est certainement la cantine la plus populaire de D3, le pôle créatif de la ville. Il faut donc parfois patienter… Malin, le coin boutique design vous occupera le cas échéant. Côté fourchette, c'est une cuisine méditerranéenne fraîche, simple et efficace avec une mention spéciale pour le ceviche de dorade (60 Dhs).

À l'angle du Building 6 Unit 1, Dubai Design District • 04 42448384 et 04 422 6024 ou 04 244 8384 • www.thelighthouse.ae • Dim.-jeu. 8h-22h, ven.-sam. 9h-19h • Licence d'alcool.

Bars, clubs Sorties

Dubai Opera

Opéra 15 Zoom Downtown Dubai

Le Dubai Opera, œuvre de l'architecte Janus Rostock est un tribut à l'histoire maritime de la ville. Il accueille concerts de musique classique, ballets, pièces de théâtre, et des événements prestigieux selon un choix très éclectique. Sans assister au spectacle, vous pouvez aussi y dîner ou simplement le visiter, pour découvrir les coulisses et les secrets acoustiques du bel édifice en forme de boutre.

Sheikh Mohammed Bin Rashid Boulevard • M° Burj Khalifa/Dubai Mall • 04 440 8888 • www.dubaiopera.com • Dubai Opera Tour : 75 Dhs; tarifs spectacles variables selon la programmation : 80 Dhs minimum.

At.Mosphere

Bar lounge 16 Zoom Downtown Dubai

Si vous aimez flotter dans les airs, nous avons trouvé votre refuge idéal, niché au 122e étage de la plus haute tour du monde, à plus de 442 m d'altitude. Vous réserverez votre table de préférence à la tombée de la nuit pour assister à la magie des éclairages de la ville. Un minimum de 250 Dhs vous sera demandé pour consommer dans ce cadre élégant et hors du commun. Ne vous attardez pas au bar pour manger, et choisissez le restaurant si vous avez de solides économies.

Burj Khalifa, level 122, Sheikh Mohammed Bin Rashid Boulevard • M° Burj Khalifa/Dubai Mall • 04 888 3828 • www.atmosphere burjkhalifa.com • T.l.j. 7h-22h30 • Entrée lounge avec dépense minimum : 250 Dhs/pers (350 Dhs pour une table près de la fenêtre) • Restaurant : dîner à partir de 4500 Dhs/pers • Résa indispensable • Tenue correcte exigée.

Neos

Bar 17 Zoom Downtown Dubai

Il est de retour ! Un incendie, le soir de la Saint-Sylvestre 2015, avait ravagé l'hôtel, occasionnant plus de deux ans de fermeture. Et puisque tout est oublié, voilà Neos embelli et rhabillé pour une version 2.0. À part le cadre (moins baroque), presque rien n'a changé si ce n'est peut-être la vue, agrémentée de quelques nouvelles tours à l'horizon.

Pour l'ambiance, les délices et l'altitude, c'est toujours aussi haut!

Address Downtown Hotel, level 63, Sheikh Mohammed Bin Rashid Boulevard • M° Burj Khalifa/Dubai Mall • ☎04 436 8888 • www.addresshotels.com • Mar.-dim. 17h-3h; happy hour : t.l.j. 17h-20h; live DJ : mer.-sam. • Verre de vin à partir de 55 Dhs; cocktail à partir de 60 Dhs • Résa conseillée • Tenue correcte exigée.

La Perle by Dragone

Spectacle — 18 Plan D3

Le spectacle en résidence de la compagnie Dragone est un conte féerique qui éclabousse (au premier rang, littéralement)! L'histoire est un peu nébuleuse mais les tableaux spectaculaires, et les performances oniriques s'enchaînent prodigieusement. Pantin gigantesque, saltimbanques marchant au plafond, cascades d'eau, plongeons vertigineux dans une piscine, motos suspendues… Avec des enfants, à faire absolument!

Al Habtoor City, à côté du Dubai Canal et du Hilton • M° Business Bay • ☎04 437 0001 • www.laperle.com • Mar.-sam., à 18h30 ou 21h • 5 catégories de tarifs : de 420 à 1680 Dhs; offres préférentielles et dernière minute sur le site Internet.

Basko

Bar restaurant — 19 Plan D3

Si le restaurant est déjà un bon endroit à recommander, on aime surtout son ambiance bondée de bar branché les soirs de week-end. Cosy et chic à l'intérieur, ludique et coloré à l'extérieur avec de larges ombrelles à l'esprit balinais. Le tout semble directement sorti d'un magazine sur papier glacé, avec en prime un joli point de vue sur les tours scintillantes de Downtown – pour une fois, de bas en haut...

The Opus by Omniyat, ground floor, Al A'amal Street, Business Bay • M° Business Bay • ☎04 582 4242 • https://baskorestaurant.com • T.l.j. 12h-1h • Cocktail à partir de 65 Dhs ; plat à partir de 85 Dhs • Licence d'alcool • Résa conseillée.

CÉ LA VI

Bar lounge — 20 Plan D2

« Sundowners », c'est le nom anglais intraduisible que l'on donne ici à tous les mordus de belles vues, verre vissé à la main, au moment où le soleil s'embrase et la nuit s'installe. Depuis sa passerelle entre deux tours, Cé La Vi est de loin le spot le plus couru de tous ces accros, Burj Khalifa campé juste en face. Évitez le restaurant, rapport qualité-prix exagéré. Mais pour le lounge le long de la piscine à débordement, foncez!

Address Sky View Hotel, level 54, Sheikh Mohammed Bin Rashid Boulevard • M° Burj Khalifa/Dubai Mall• ☎04 582 6111 et ☎05 515 001 (résa) • www.celavi.com/en/dubai/ • T.l.j. 12h-3h • Cocktail à partir de 65 Dhs ; Pool deck ou Lounge : minimum de dépense 250 Dhs/pers. ; restaurant : minimum de dépense 500 Dhs/pers. • Licence d'alcool • Résa indispensable.

Privilege

Bar-club — 21 Plan E3

Le panorama encore et toujours le panorama, celui qui canalise tous les clubbers vers les lieux les plus époustouflants, les plus photogéniques, les plus inoubliables. Privilege, de son nom un peu snob, est l'un des rois de cet empire recherché et vous propose des nuits de folies avec cette fois-ci un angle de vue sur la ville à 360°, au 75e étage. Ambiance, musique et verres qui tintent, tout est dit !

SLS Dubai Hotel, Marasi Drive, Business Bay • M° Business Bay, puis taxi • 04 607 0737 • www.sbe.com/hotels/sls-hotels/dubai/privilege • T.l.j. 9h-2h • Cocktail à partir de 60 Dhs, bière : 50 Dhs • Licence d'alcool • Résa conseillée.

Hôtels B&B

The Rove Downtown

Hôtel branché

Avec des prix abordables, les hôtels Rove sont un compromis idéal pour dormir dans un lieu *trendy* et moderne tout en profitant de prestations de qualité.

312, Happiness Street, Zabeel 2 • M° Burj Khalifa/Dubai Mall • 04 561 9000 • www.rovehotels.com • Entre 200 et 250 Dhs ; + 45 Dhs pour une vue sur le Burj Khalifa !

Vida Downtown Hotel

Hôtel design

Un boutique-hôtel réputé pour sa belle piscine au cœur d'un décor contemporain et chic. Et un emplacement unique qui permet de rester à pied dans un quartier animé.

Mohammed Bin Rashid Boulevard • M° Burj Khalifa/Dubai Mall • 04 428 6888 • www.vidahotels.com • Entre 479 et 1299 Dhs.

SLS Dubai Hotel

Hôtel de luxe

Pour sa vue dégagée sans compromis à 360° sur Downtown et même Deira, et s'offrir une fois dans sa vie un luxe démesuré dans l'un des hôtels les plus hauts du monde.

SLS Dubai Hotel, Marasi Drive, Business Bay • M° Business Bay, puis taxi • 04 607 0757 • www.sbe.com • Entre 720 et 2 340 Dhs.

Shopping Cadeaux

House of Ballerinas

Chaussures

7 Zoom Downtown Dubai

Voici la Rolls des ballerines. Les cuirs sont italiens, les semelles étudiées pour subir les températures caniculaires du pays, et les tissus européens. Derrière la chaussure emblématique, une Frenchie *of course*, qui gagne le pari d'insuffler un vent d'élégance à la française, tout en faisant fabriquer localement. Du 100 % fait main avec des prix à partir de 395 Dhs. Éthique, confort et chic !

Level Shoes The Dubai Mall, Ground Floor, Downtown Dubai • M° Burj Khalifa/Dubai Mall • 04 424 5018 • https://houseofballerinas.com • T.l.j. 10h-minuit.

Kinokuniya

Librairie 8 Zoom Downtown Dubai

Le dédale d'allées bien éclairées de cette librairie reste l'une des adresses phares pour découvrir la littérature arabe et anglophone. Et tomber sur un filon, section jeunesse, comme avec la série illustrée des femmes iconiques Little People, Big Dreams (65 Dhs). Et si vous avez oublié d'emporter un bon bouquin, il y a aussi un rayon francophone.

Dubai Mall, level 2, Financial Centre Road • M° Burj Khalifa/Dubai Mall• 04 434 0111 • https://uae.kinokuniya.com • Lun.-jeu. 10h-22h, ven.-dim. 10h-minuit.

Daiso

Bazar japonais

9 Zoom Downtown Dubai

Code de survie chez Daiso : s'imposer un plafond à ne pas dépasser et tenir bon ! L'enseigne japonaise de bazar *kawaii* (mignon) est un attrape-clients implacable à la contagion addictive. Vous repartirez les bras chargés de papeterie, d'ustensiles culinaires curieux et de gadgets ingénieux. Ne cherchez pas les prix, tout est à 7,35 Dhs, à quelques exceptions près étiquetées en jaune.

Dubai Mall, lower ground floor, Financial Centre Road • M° Burj Khalifa/Dubai Mall • 04 388 2902 • http://daisome.com • T.l.j. 10h-23h.

Candylicious

Confiserie

10 Zoom Downtown Dubai

Le paradis pour les enfants et les amateurs de sucre ! Entrez dans l'univers d'un conte gourmand, à mi-chemin entre *Hansel et Gretel* et *Charlie et la Chocolaterie…* Vous en ressortirez les poches pleines de sacs de bonbons et les doigts qui collent. Une overdose de sucre à portée de papilles pour une poignée de dirhams (16 Dhs les 100 gr) !

Dubai Mall, ground floor, Financial Centre Road • M° Burj Khalifa/Dubai Mall • 04 330 8700 • www.alabbarenterprises.com/brands/candylicious • Dim.-mer. 10h-22h, jeu.-sam. 10h-minuit.

Activités Détente

Sky Views Dubai

Voici un concept fort en adrénaline pour avoir un regard différent sur Burj Khalifa. The Address Sky View vous assure plusieurs degrés de sensations : marcher sur un plancher de verre à The Observatory, s'harnacher et se balancer dans le vide à Edge Walk ou dévaler un toboggan de verre pour descendre du 53e au 52e étage à Glass Slide. Frissons garantis !

The Address Sky View, Sheikh Mohammed Bin Rashid Boulevard • M° Burj Khalifa/Dubai Mall • 800 28843 867 • www.skyviewsdubai.com • T.l.j. 13h-21h • The Observatory : 85 Dhs; Edge Walk : 504 Dhs (billet combiné avec The Observatory), Glass Slide : +25 Dhs.

LES PLUS BELLES VUES

C'est à la nuit tombée que Dubaï révèle tout son charme. Parfois quelques étages suffisent pour admirer les buildings illuminés. Avec un peu de pratique, il vous semblera presque commun d'emprunter les ascenseurs transparents et d'effleurer du bout des doigts le 50, le 77, ou même le 122 en filant comme une étoile pour atteindre les cieux...

Luna Dubai

De bons cocktails, de la musique *feel good* et une vue sur le quartier Wall Street de Dubaï, yallah!

Voir p. 56, DIFC.

Aura Skypool Lounge

Barboter à la nuit tombée, verre à la main, dans une piscine à 360°.

Voir p. 144, Palm Jumeirah.

Privilege

Ne restez pas sur le trottoir à vous dévisser le cou : montez au 75e étage et défiez le Burj Khalifa.

Voir p. 74, Downtown Dubai.

Zeta 77

Envie d'un verre *al fresco*? Cette fois-ci montez au 77 !

Voir p. 131, Dubai Marina et JBR.

CÉ LA VI

Sous vos pieds, quelques mètres plus bas, il y a le vide. Un cocktail glamour et vertigineux...

Voir p. 74, Downtown Dubai.

Siddharta Lounge

Siddharta Lounge

Pour mener la vie de château, juste une toute petite fois... splendide!

Voir p. 130, Dubai Marina et JBR.

SAVEURS D'ICI ET D'AILLEURS

Les Émirats sont une terre d'accueil depuis plusieurs siècles. Ils savent cultiver le meilleur de chaque culture et l'intégrer dans leur patrimoine, y compris et surtout en matière culinaire. L'influence des populations conquérantes entre le XVIe et le XIXe s., puis les immigrations successives de travailleurs ont permis de développer des saveurs variées. Un voyage à Dubaï, c'est presque une initiation gastronomique!

Une cuisine d'influences, riche et parfumée

La cuisine émirienne s'inspire notamment des saveurs du Levant, d'Asie orientale et d'Iran. Le poisson, la viande, le riz et surtout les épices sont la base de la plupart des plats. N'hésitez pas à goûter à ces différentes préparations. Vous aurez le choix : le ***biryani (ou machbous),*** un plat de la région du Golfe composé de riz blanc infusé avec des épices, de la viande ou des crevettes, des amandes et des légumes; le ***ma'louba,*** fait toujours à partir de riz, de poulet, d'aubergines et de carottes; le ***margooga,*** un ragoût épicé de légumes, de viande et de pita mouillé; le ***harees,*** sorte de purée de blé moulu et de viande hachée, très prisé pendant le ramadan; sans oublier le **méchoui,** agneau rôti à la broche et au feu de bois. Son passé de plaque tournante commerciale et de grand port d'échanges de marchandises explique encore aujourd'hui l'utilisation fréquente d'épices dans la cuisine dubaïote : curcuma, safran et cardamome. En guise de desserts, on vous proposera le plus souvent des dattes, des pâtisseries arabes délicieusement sucrées ou des recettes locales comme le ***luqaimat*** (beignet frit arrosé de sirop de datte) ou le ***bethitha*** (semoule mélangée avec des dattes écrasées et de la cardamome).

Repas de fêtes

Les différentes célébrations religieuses sont l'occasion de repas fastueux en grand comité. L'abondance des plats est gargantuesque! On y mange notamment l'**ouzi d'agneau** et une montagne de desserts très sucrés comme l'***umm ali*** (sorte de pudding oriental). Le **ramadan** est l'occasion d'un jeûne qui commence lors du lever du soleil et se termine à son coucher. C'est une tradition très respectée. Vous constaterez d'ailleurs que certains établissements (mais moins nombreux qu'avant) restent fermés jusqu'à l'heure du dîner. Rappelez-vous aussi qu'à cette occasion, même si vous n'êtes pas musulman, la loi interdit de manger, de boire, de fumer ou même de mâcher du chewing-gum en public pendant la journée. L'***iftar***, le dîner qui rompt le jeûne les soirs de ramadan est une véritable fête. De nombreux repas de charité sont organisés un peu partout dans la ville et sont offerts à tous ceux qui se présentent !

Hospitalité

Si vous y êtes convié, évitez de refuser une invitation émirienne. L'hospitalité est une tradition arabe qui remonte à la nuit des temps. Autrefois, lorsqu'un étranger arrivait dans une tribu bédouine, il était chaleureusement accueilli et on lui offrait le gîte et le couvert. Aujourd'hui encore, pour faire honneur à vos hôtes, vous devrez veiller à respecter **trois règles** : ne jamais refuser la nourriture qu'on vous propose, éviter de terminer votre assiette (pour ne pas abîmer la réputation de générosité de votre hôte) et manger avec la main droite.

Quelle soif !

Que boit-on pour accompagner son repas ? S'il est interdit de consommer de l'alcool pour un musulman, de nombreux établissements en proposent. Sachez que c'est prohibé dans tous les lieux publics (parc, plage, rue...). L'eau est souvent proposée en bouteille (hôtels, restaurants) et vous trouverez un large choix de boissons comme les jus de fruits frais, le café turc ou arabe *(qahwah)*, le thé rouge, ainsi que le lait de dromadaire. ■

Manger casher à Dubaï

Fondée en 2019, Elli's Kosher Kitchen propose à tous les voyageurs de confession juive la possibilité de manger casher. Depuis sa cuisine, Elli orchestre un menu simple à la carte (plat à partir de 40 Dhs) ainsi qu'un choix de repas de cérémonie qui sont livrés directement dans les hôtels. Le *challah (hallah)*, pain traditionnel du shabbat, et le jus de raisin pour le kiddouch sont aussi disponibles. Face à la demande croissante, ce *homegrown business* a récemment développé un partenariat avec le groupe Marriott, offrant ainsi un plus large choix de points de vente, jusqu'à Abu Dhabi. L'entreprise familiale propose même des safaris désert ou des tours de yachts !

www.elliskosherkitchen.com

JUMEIRAH 1, 2 ET SATWA

5

Jumeirah 1 est le premier quartier chic à s'être développé au delà de Bur Dubai, suivi dans l'ordre chronologique et géographique d'extension au sud de Jumeirah 2, etc... Il y fait bon vivre, à proximité du littoral et de Downtown. Ses habitantes expatriées, surnommées les « Jumeirah Jane », aiment notamment se rendre à Satwa, l'enclave populaire et multiculturelle du voisinage, où l'on trouve de tout dans une ambiance qui rappelle celle des souks. C'est le Barbès d'ici avec toutes les influences du sous-continent indien.

Dubai Canal

1 La Mer✦✦

Une plage aménagée aux airs californiens qui déroule son ruban de sable blond le long d'une promenade de planches : c'est un lieu de loisirs en vogue, plus encore le week-end. Le site s'étend sur 2,5 km, divisé en deux sections, North et South, avec plus de 130 cafés, restaurants et boutiques. Bronzer, manger ou faire du shopping, tout est à portée de main, y compris un parc aquatique et des cinémas.

Le long de 2A Street, entrée principale : croisement 2A Street et 39S Street • Bus 8, 9 et 88 • ☎ 04 590 5090 • www.lamerdubai.ae • Boutiques : dim.-je 10h-23h, ven.-sam. 10h-minuit ; Restaurants : dim.-jeu. 10h-minuit, ven.-sam. 10h-1h.

2 Jumeirah Open Beach✦

Plus discrète, surnommée « Chicago Beach » dans les années 1960, puis « Russian Beach », la plage surveillée est un peu hors du temps et offre un contraste saisissant au sud de La Mer. C'est un beau coin de baignade prisé de toutes les communautés, surtout le week-end. Elle fait la joie des familles et des sportifs avec son long parcours dédié aux joggeurs et aux cyclistes. Tout au sud, avant le Four Seasons, il y a une aire de jeux gratuite pour les enfants.

Entre la 61A Street et le Four Seasons Jumeirah, Al Mouje Street • Accès libre.

3 Jumeirah Mosque✦✦

Construite en 1978 sous l'égide du Sheikh Rashid bin Saeed Al Maktoum, elle fait partie des quelques mosquées des ÉAU accessibles aux non-musulmans, notamment pour les groupes. Elle se distingue par son architecture particulière, basée sur le style anatolien avec un large et très beau dôme central. Lors de votre visite, on vous servira un *Fuala* (collation traditionnelle) et un guide saura répondre à toutes vos questions sur cet édifice et son histoire.

À l'intersection de Jumeirah Road et 17B Street, Jumeirah 1 • ☎04 353 6666 • www.jumeirahmosque.ae • T.l.j. sauf ven., visite à 10h-14h; enregistrement 30 min avant sans réservation • Entrée : 25 Dhs avec collation • Tenue adaptée requise, tête couverte pour les dames, prêt de vêtements.

4 Al Satwa✦

Il existe un lieu haut en couleur, bouillonnant les soirs de week-end, niché entre les belles plages de Jumeirah 1 et le cœur animé du centre-ville, de son nom usuel Satwa. En sortant de la grande mosquée, remontez Al Hudaiba Road jusqu'au bout pour plonger dans un quartier dépaysant, à la croisée des cultures. Il faut prendre son temps et ne pas hésiter à entrer dans les nombreuses échoppes. Vous repartirez assurément avec un souvenir à prix mini : encens, épices, tissu, timbales pour boire le thé, papeterie ... La mercerie Fida est à voir absolument si c'est votre truc.

Al Satwa Road, Al Bada'a • M° World Trade Centre • Nombreux magasins fermés 14h-

Pause pakistanaise au Ravi Restaurant

Ravi, le seul et l'unique depuis 1978 ! Cette adresse que tout le monde s'échange avec ferveur propose des plats traditionnels pakistanais pour « viandophiles » et végétariens à prix modiques (un délice : le palak paneer, 16 Dhs et le rogni naan au beurre, 2 Dhs). L'endroit ne paie pas de mine, c'est même assez moche et ne regardez pas de trop près l'état de la nappe sous la toile cirée transparente. À part ça, c'est bon et folklorique.

31 ***Au bout de Satwa Road, avant l'angle d'Al Diyafah Street, en face de Union Coop Supermarket • ☎04 331 5353 • Facebook ou Instagram : ravirestaurantsuae • T.l.j 5h-2h.***

16h et ven. matin. • **Fida :** *Al Satwa Road, près de l'angle 17B Street • ☎ 04 3444 008 • www.fidatrading.com • Sam.-jeu. 9h-14h et 16h30-22h30, ven. 16h30-22h30.*

5 Etihad Museum++

Chronique d'une histoire contemporaine, celle des ÉAU, sur le lieu même de la signature de la Constitution en 1971. Les architectes Moriyama et Teshima ont créé un espace moderne et interactif pour magnifier la mémoire de cet État à l'évolution éclatante, éperonné par la découverte de l'or noir dans les années 1950 et le retrait des Britanniques en 1968. Tout en symboles, le toit parabolique évoque la feuille du traité de l'Union (*etihad* en arabe) et les sept colonnes du hall d'entrée, les sept stylos qui l'ont signé.

Jumeirah Beach Road (au croisement d'Al Diyafah Street), Jumeirah 1 • ☎ 80 033 222 • https://etihadmuseum.dubaiculture.gov.ae/en • T.l.j. 10h-17h • Entrée : 25 Dhs.

6 City Walk++

Quartier-village en grande partie piétonnier, City Walk ressemble à s'y méprendre aux rues londoniennes. À la fois centre commercial et lieu de divertissement, c'est aussi un secteur résidentiel de luxe en plein développement. Les restaurants et les boutiques y poussent en grappe avec toujours un sens aigu de l'esthétique. Overdose de shopping ? Allez-y le soir pour admirer les grandes fresques murales d'artistes réputés (Nick Walker, Eelus, D*Face, Rone…), la vue sur la *skyline* et boire un verre dans une ambiance décontractée.

Al Safa Street, Jumeirah 1, entre Al Wasl Road et Al Albaany Street • M° Burj Khalifa/Dubai Mall • 04 590 5090 • www.citywalk.ae • Boutiques: t.l.j. 10h-minuit ; Restaurants : t.l.j. 10h-1h.

7 The Green Planet✦✦✦

Saviez-vous que les piranhas aboient et que les paresseux dorment 15h/24 ? The Green Planet, véritable musée vivant, propose une expédition éducative et récréative dans un biodôme gigantesque abritant une forêt tropicale humide reconstituée. Hymne à la biodiversité, la visite débute au sommet d'un arbre artificiel et durable, avec plus de 3 000 plantes et espèces animales à découvrir. Des biologistes et une équipe de passionnés vous sensibilisent à la richesse de notre écosystème et à la protection de son fragile équilibre. Ils donnent aussi refuge à des animaux victimes du trafic illégal d'espèces sauvages dans la région, tel un loris (proche du lémurien) trouvé abandonné dans une rue de Dubaï.

Al Madinat Street, City Walk - Al Wasl • M° Burj Khalifa/Dubai Mall• 800 7699 • www.thegreenplanetdubai.com • T.l.j. 10h-18h • Entrée : 140 Dhs (110 Dhs en ligne).

8 Dubai Water Canal✦✦

Trois ans, plus de 4 650 ouvriers et 2,7 milliards de dirhams,

The Green Planet

voici quelques chiffres illustrant brièvement ce chantier pharaonique, une voie navigable reliant désormais l'ancienne Creek. Autour, un ambitieux projet de développement urbain est actuellement en construction. Le soir, la vue est magnifique et la promenade pédestre ou maritime très agréable. Trois ponts, inspirés d'une tente de nomade, du tissu social diversifié de Dubaï et d'un kaléidoscope futuriste, créent une connexion entre les quartiers et relient le style bédouin au monde moderne. Petit plus façon Dubaï, le pont de Sheikh Zayed Road déverse, à la nuit tombée, une cascade d'eaux iridescentes seulement interrompue par le passage des bateaux de plaisance.

Accès le long de Safa Park, Jumeirah 3 ou 55th Street, Jumeirah 2 • ☎ 80 090 90 • https://www.rta.ae • Promenade en Water Taxi t.l.j. 10h-19h ou en Petrol Heritage Abra, berge de Jumeirah 2 à partir de 25 Dhs.

Restos | Bars | Hôtels | Shopping | Activités

Restos Bistrots

Al Mallah

Sur le pouce 32 Plan D1

Impossible de manquer sa façade illuminée ! Depuis ses modestes débuts en 1979, le bar à jus de rue (communément appelé un *juice joint*) est devenu depuis LE fast-food libanais indéboulonnable. C'est l'endroit idéal pour un repas express à petit prix, une nourriture simple et populaire. Prenez un *shawarma* ou un *falafel* (ces plats sont servis uniquement à partir de 16h) dans une ambiance de quartier animé peu touristique.

Al Diyafah Street, à l'angle avec la 6 B Street, Al Hudaiba • ☎ 600 522 521 • www.almallahuae.com • Sam.-jeu. 7h-2h, ven. 9h-2h • Shawarma : 9 Dhs, falafel : 1 Dhs la pièce, avocado shake : 16 Dhs.

The Lime Tree Cafe & Kitchen

Sur le pouce 33 Plan D2

C'est l'endroit *healthy* et branché, fréquenté par les résidents bobo-chic de Jumeirah. On s'y arrête volontiers avant d'aller à la plage pour un petit déjeuner, un café ou plus tard pour déjeuner. Une jolie cour, une terrasse ombragée à l'étage, des produits frais et sains, de délicieuses salades, tartes salées et sandwichs copieux.

Jumeirah Road, Jumeirah 1; près de la Jumeirah Mosque • ☎ 04 349 8498 • www.thelimetreecafe.com • T.l.j. 8h-18h • Tarte salée : 38 Dhs, jus de fruits : 28 Dhs.

Seva Experience

Café et yoga

34 Plan D2

C'est un repaire de yogis et d'adeptes de la philosophie zen en tout genre. Vous ne serez pas obligés de vous asseoir en lotus pour vous prélasser dans le jardin secret situé à l'arrière de la villa. Jus frais, graines germées et mets protéinés, tout est bio, c'est une coupure gourmande et verdoyante loin de l'effervescence urbaine. À faire, le cours de yoga sur le toit au coucher du soleil

Villa 5 1/B, 27B Street (accès par le parking derrière Magrudy's - Jumeirah Center), Jumeirah 1 • Café : ☎ 056 534 2899 ; wellness center : ☎ 058 543 5888 • www.sevaexperience.com • Horaires café : t.l.j 10h-22h ; horaires wellness : 8h-22h • Entrée à partir de 45 Dhs; cours de yoga tous niveaux à partir de 111 Dhs.

The Lime Tree Cafe & Kitchen

Kulture House

Concept store

35 Plan D2

Un décor à faire pâlir les plus belles maisons sur papier glacé. Les limonades sont auréolées de brins de lavande, de pétales de roses (30 Dhs) et pour les en-cas pas de déception, avec des assiettes fraîcheurs et des *bites*, comme les frites de fromage chypriote halloumi (45 Dhs). Vous succomberez probablement à l'appel de la boutique, avec sa sélection tribale issue du commerce équitable.

106, Jumeirah Beach Road, Jumeirah 1 ; en face du Beach Center • ☎ 04 399 1790 • https://kulturehousedubai.com • T.l.j. 9h-22h.

Masti

Indien

36 Plan D2

Masti pourrait se traduire par amusement et malice. Cet élégant restaurant sur la plage fait figure de « nouvelle Inde ». À la barre, le chef étoilé Prashant Chipkar réinterprète l'assiette classique indienne. Il livre des surprises gustatives comme dans la lasagne Saag Paneer (110 Dhs). Attention l'excellence a un prix ! Pour tester l'ambiance du bar uniquement, soirée Gin & Jazz Nights tous les jeudis.

La Mer South 4, section la plus au sud, Jumeirah 1 • ☎ 800 62784 • www.mastidubai.com • T.l.j. 12h-1h • Licence d'alcool.

3 Fils

Asiatique

37 Plan D2

3 Fils est une adresse en vogue. Idéal pour un casse-croûte un peu branché avec des sushis diaboliques (dragon 42 Dhs, volcano 44 Dhs) et du poulpe croquant (58 Dhs). Le week-end, l'attente est à la hauteur de sa notoriété, surtout pour un spot en terrasse face au petit port de plaisance. Familles, couples, copains, c'est très convivial. Pour les enfants, sachez que c'est souvent épicé.

Shop 2, Fishing Harbour 1, Jumeirah 1 • ☏ 04 333 4003 ou 056 27 30030 • https://3fils.com • T.l.j. 12h-23h30 • Pas de résa possible.

Comptoir 102

Concept store

38 Plan D2

Savant mélange de cuisine saine et nutritive, défricheur de tendances mode et déco, le Comptoir 102 est une pépite de trouvailles pointues, avec aux commandes quelques Parisiennes chic évidemment. Conçu comme une maison de vacances hors du temps, c'est un sanctuaire du bon vivre, où tout est beau, bio et bon. Vous savourerez le lieu en vous délectant d'un smoothie Skin Glow (32 Dhs) accompagné d'un pesto d'algues (63 Dhs).

102, Jumeirah Beach Road, Jumeirah 1; à l'angle de 4 A Street • ☏ 04 385 4555 • www.comptoir102.com • T.l.j. 8h-22h.

Forever Rose Cafe

Café, restaurant et pâtisserie

39 Plan D2

Ce café-boudoir ultra-photogénique vous promet quelques *followers* de plus dans un décor sucré, tout en humour et uniquement

Comptoir 102

noir et blanc, recréant l'illusion d'optique en 2D d'une bande-dessinée. Seules touches de couleurs, vos vêtements, les roses flamboyantes dévitalisées (qui durent 3 ans !) du fleuriste éponyme situé tout à côté et la burrata fondante dans votre assiette… rose évidemment.

Box Park M6-03, Jumeirah 2 • M° Business Bay • 04 548 4210 • https://foreverrosecafe.com • T.l.j. 8h-1h • Io Amo La Buratta : 59 Dhs ; jus de grenade : 28 Dhs.

Al Falamanki

Libanais 40 Plan C2

Mais qui était donc Khalil Al Falamanki ? Tour à tour lutteur, garde du corps d'un entrepreneur égyptien fortuné puis homme à tout faire, chouchou des stars hollywoodiennes dans les années 1960. Le lieu est une ode nostalgique à cet homme hors du commun, ainsi qu'aux délices retrouvés du Liban d'antan. Jouez une partie de backgammon en dînant sur la terrasse et commandez du *saj* au thym (18 Dhs), un pain-pizza cuit dans un four bombé traditionnel.

Jumeirah Beach Road, Jumeirah 2 ; en face du Dubai Ladies Club • 55 300 4550 et 04 343 5866 • http://alfalamanki.com • T.l.j. 10h-4h30 • À éviter avec des enfants, quelques tables intérieures possibles dans un coin seulement, les autres sont pour fumeurs et chicha.

Farzi Café

Farzi Café

Indien 41 Plan D2

Adresse populaire de New Delhi, Farzi Café enflamme désormais Dubaï. Une initiation à la cuisine moléculaire tout en mettant la gastronomie indienne à l'honneur. Le menu, énigmatique, donne le ton : « créer l'illusion ». Bols en ébullition et fumigènes sont ici légion, comme dans le Tandoori Wild Mushrooms (45 Dhs). L'expérience épicée, à la fois visuelle et gustative, ensorcèle irrésistiblement.

Dubai City Walk II, Building 5 • M° Burj Khalifa/Dubai Mall • 04 394 2556 • www.farzicafe.ae • T.l.j. 10h-minuit • Résa conseillée ven. et sam. soirs.

Slaw

Fast-food 42 Plan D2

Ici, laissez tomber la traque aux calories ou passez votre chemin! Slaw est un fast-food tout simple, enfin... Les néons fluos habillent la salle et la terrasse se pare de mobilier en palette au milieu de belles plantes bien vertes. Niveau *sando* (sandwich), ils savent y faire, vous choisissez le degré d'épices (osez *hot as lava*), et parce que ça sort du lot, testez les dégoulinants *cheesy jalapeños* farcis.

Al Hudaiba road, Jumeirah 1, près de la Jumeirah Mosque • 04 547 6777 • https://houseofslaw.com • T.l.j. 7h-0h30 • Burgers : 30-40 Dhs.

Samad Al Iraqi

Irakien 43 Plan C2

Adresse incontournable au décor rustique et garçons en livrée, ce grand restaurant irakien traditionnel a pour spécialité le poisson de rivière (minimum 4 kg) cuit sur le masgouf. Il s'agit d'un impressionnant gril traditionnel situé derrière une vitre, le poisson y est pendu et grillé sur les feux ardents, entouré de bois de figuier et d'abricotier. Les portions sont gargantuesques, avec en plus, en entrée, soupe et salade offertes!

Jumeirah Beach Road, Jumeirah 2; près du Beach Park Centre • 04 342 7887 • https://samadaliraqirestaurant.com • T.l.j. 10h-1h • Entrée à partir de 22 Dhs, meskouf fish : 73 Dhs/kg.

Bars, clubs Sorties

Sho Cho

Bar-restaurant 22 Plan D2

Sho Cho fut l'un des pionniers dans le milieu de la fête. Situé au bord d'une jetée dans un hôtel un peu vieillissant, ce bar-restaurant japonais au style épuré, avec ses fauteuils en cuir blanc et ses lumières ultraviolettes réunit depuis longtemps du beau monde. Oubliez votre soirée romantique à deux, c'est une sortie à faire en groupe! L'ambiance reste tout de même plutôt sage en semaine.

Dubai Marine Beach Resort and Spa, Jumeirah Beach Road, Jumeirah 1 • 04 346 1111 ou WhatsApp 050 798 1869 • www.sho-cho.com • Lun.-sam. 18h-2h, dim. 18h-22h ; DJ set dim.-ven. à partir de 22h • Cocktails : 56-75 Dhs, bière : 40 Dhs

Nikki Beach Dubai

Beach club 23 Plan D1

Le beach-club chic labellisé, initié à Miami en 1998, est un peu une caricature des après-midi farniente pour jeunesse dorée et insouciante, prolongée le soir par des couchers de soleil rythmés et arrosés de mocktails arcs-en-ciel et de flûtes pétillantes. Sur du sable soyeux ou dans une piscine parsemée de chaises longues à la blancheur immaculée, Nikki Beach s'adresse à un public qui apprécie les bikinis, le luxe et la légèreté.

Nikki Beach Resort & Spa, presqu'île Pearl Jumeirah, Jumeirah 1 • ☎04 376 6162 ou 04 376 6000 • https://nikkibeach.com • Pool access/jour : 300 Dhs/adulte (prix en partie remboursable sur le montant de vos consommations), t.l.j. 11h-20h; bar et restaurants: t.l.j. horaires variables • Verre de rosé à partir de 65 Dhs; bière : 45 Dhs • Résa conseillée.

Look Up

Bar lounge

24 Plan D2

Si vous aimez les panoramas, les sorties scintillantes en plein air, trinquer avec classe et faire quelques selfies réussis, Look Up est la belle équation gagnante. Un DJ, une ambiance L.A. *vibes* et surtout une piscine à débordement dont l'effet miroir reflète l'horizon des audacieuses tours de Downtown. Essayez l'happy hour ou l'accès piscine à la journée. Le must à 950 Dhs : la nuit de la Saint-Sylvestre devant les feux d'artifice.

La Ville Hotel, level 5, Al Multaqa Street, City Walk 2 • M°Burj Khalifa/Dubai Mall• ☎04 403 3111 • www.livelaville.com • T.l.j. 10h-1h; accès piscine dès 7h-18h (100 Dhs/jour, 150 Dhs le w.-e.) • Happy hour 30 Dhs/verre • Cocktails : 50-65 Dhs • Résa conseillée • Tenue correcte exigée.

Pisco Bar & Lounge at Coya

Bar-restaurant

25 Plan D2

Balayez cachaças, tequilas et absinthes! La nouvelle vague des connaisseurs de spiritueux, c'est le pisco. L'eau-de-vie typiquement péruvienne est obtenue par distillation du raisin, sans vieillissement en fûts de chêne. Au palais, un alcool au coffre brut mis en exergue au bar interminable du restaurant Coya. Une dégustation décapante avec des infusions maison Pisco Sour dans un décor Incas-conquistadors revisité.

Restaurant Village, Four Seasons Resort, Jumeirah Beach Road, Jumeirah 2 • ☎04 316 9600 • www.coyarestaurant.com • T.l.j. 12h30-16h30 et 18h30-2h • Pisco :

Look Up

45-75 Dhs; verre de vin à partir de 60 Dhs • Résa conseillée • Tenue correcte exigée.

Coca-Cola Arena

Auditorium

26 Plan D2

Inauguré en juin 2019, Coca-Cola Arena a doté la ville d'une salle moderne et adaptée pour recevoir de prestigieux spectacles. Située en plein centre, la superstructure polyvalente a une capacité de 17000 places et ambitionne d'accueillir les plus grands interprètes, des rencontres sportives internationales… L'arène a été conçue dans une optique de développement durable en intégrant des technologies vertes.

Coca-Cola Arena Plaza, Al Albaany Street (58A Road), City Walk 2 • M°Burj Khalifa/Dubai Mall • ☎800 22 33 88, réservations : 800 22 33 88 • www.coca-cola-arena.com • Tarifs et horaires variables selon la programmation, voir le site de résa en ligne.

Grapeskin

Bar à vins

27 Plan D2

Lorsque la ville s'embrase, Grapeskin affine ses lames et sort les planches à découper. Les assiettes fromages-charcuterie (sans porc mais délicieuses) se partagent entre copains dans une ambiance décontractée. Sous les lumières, des tables robustes ; sur la terrasse enveloppante, des canapés ; et dans la cave, une large sélection pour une initiation intercontinentale. Le fond de l'air, lui, est exaltant et musical…

La Ville Hotel, ground floor (dans l'arrière-cour), Al Multaqa Street, City Walk 2 • M°Burj Khalifa/Dubai Mall• ☎04 403 3111 • www.livelaville.com • Dim.-jeu. 16h-1h, ven.-sam. 16h-2h; happy hour : t.l.j. 16h-20h • Verre de vin à partir de 35 Dhs; menu Grape & Cheese Discovery *à partir de 85 Dhs • Résa conseillée.*

Hôtels B&B

La Ville Hotel & Suites

Hôtel design

Dans le quartier piétonnier de City Walk, à mi-chemin entre la mer et Downtown, cet hôtel-boutique sophistiqué offre une vue à couper le souffle sur toute la *skyline*, et propose des prestations sans faille (piscine sur le rooftop, Spa…).

Al Multaqa Street, City Walk 2 • M°Burj Khalifa/Dubai Mall• ☎04 403 3111 • www.marriott.com/en-us/hotels/dxblv-la-ville-hotel-and-suites-city-walk-dubai-autograph-collection/overview/ • Entre 800 et 2000 Dhs.

Rove La Mer Beach

Au bord de l'eau

Avec des prix d'appel attractifs et dans l'ensemble une clientèle plutôt jeune, cet hôtel vous assure une vue côté mer ou côté Downtown dans un environnement très design.

La Mer South, Jumeirah 1 • ☎04 561 9999 • www.rovehotels.com • Entre 332 et 999 Dhs.

Shopping Cadeaux

Mercato Shopping Mall

Mall

11 Plan D2

Ce mall à taille humaine, à quelques pas de la plage, est l'un des favoris des résidents de longue date. Sa conception repose sur l'idée du marché à l'italienne avec des allées pavées et des façades colorées de style Renaissance. Les enseignes habituelles sont présentes, mais aussi quelques bonnes surprises comme le petit concept store pour enfants créé par une Française, Caramel & Sun, ou les hamburgers bio de l'enseigne new-yorkaise Shake Shack.

Jumeirah Beach Road, Jumeirah 1, en face du Mandarin Oriental Hotel • 04 344 4161 • www.mercatoshoppingmall.com • T.l.j. 10h-22h.

Villa Margot

Concept store

12 Plan D2

Passé le patio rêveur, vous reconnaîtrez peut-être l'accent virevoltant du sud. Vous êtes bien chez Sandrine, la copine marseillaise qu'on aimerait tous avoir. Fleuriste pour le B2B, la pandémie l'a poussée à se réinventer en proposant aussi des collab' de créateurs et des savoir-faire méditerranéens. Sous l'éclairage onirique des lampes Boboboum, ça sent les boutons de fleurs, le cuir du bottier Caulaincourt et les pâtisseries du charmant café.

Entrée 68 Al Urouba Street, à l'angle d'Al Wasl Road, à la hauteur de Galleria Mall, Jumeirah 1 • 04 881 5654 • www.margot.ae • T.l.j. 10h-19h • Savon Fer à Cheval : 35 Dhs.

Mercato Shopping Mall

Al Rifai

Épicerie et confiserie 13 Plan D2

Al Rifai est le magnat libanais des douceurs sucrées-salées, dont les vedettes sont les fruits à coque, mais aussi les fruits secs ou les pâtisseries orientales. Commandez des mélanges tout prêts ou choisissez une sélection au poids d'amandes KriKri, pois chiches, graines de courge… 8,75 Dhs les 250 g de maïs salé. Les variétés sont grillées, fumées, à la truffe, citronnée, au wasabi. Et vos achats peuvent être mis sous vide pour voyager.

Mercato Shopping Mall, ground floor, Jumeirah Beach Road, Jumeirah 1 • 04 344 7528 • www.alrifaiarabia.ae • T.l.j. 10h-22h.

Henné

Vous ne pouvez faire une visite en pays arabe sans vous plier à la coutume du henné. Le tatouage permanent est strictement interdit par la religion musulmane puisqu'il est considéré comme une mutilation du corps. Le henné permet de détourner cette interdiction. Il existe deux types de tatouages temporaires au henné : celui, symbolique, exclusivement réservé aux femmes musulmanes pour de grands événements (mariage, naissance…) et le tatouage à simple vocation esthétique. Si vous souhaitez revenir avec un souvenir éphémère mais typique.

Rachna Salon 16 *: Villa 601, Jumeirah Beach Road, Umm Suqeim 1 (plan C3) • 04 394 4489 • www.rachnasalon.ae • T.l.j. 10h-21h • À partir de 100 Dhs pour les deux côtés des deux mains.*

Hello Kitty Beauty Spa

Spa enfants 14 Plan D2

Un spa pour enfants à l'effigie du célèbre chaton dans un boudoir façon Marie-Antoinette ? Voilà ce que propose ce concept exclusif, pensé par l'Émirienne Fatima Sharaf. Une belle occasion de se faire un tête-à-tête mère/fille en se faisant dorloter de la tête aux pieds. Manucure à 95 Dhs (65 Dhs pour les moins de 12 ans).

Galleria Mall, Al Wasl Road, Ground Floor Unit 22 • 043887525 • www.hellokittybeautyspa.com • T.l.j. 11h-21h.

YinYang Connection

Spa 15 Plan D2

Ce centre de massage est l'un des meilleurs de la ville pour ce qui est du rapport qualité/prix et du professionnalisme. Une équipe triée sur le volet et formée par le Dr Jason Zhang, un acupuncteur réputé (famille royale comprise) dans la pratique des thérapies chinoises traditionnelles. Un spa à taille humaine, intimiste et sans maniérisme.

Jumeirah Beach Road, The Village Mall; en face du Jumeirah Plaza • 04 385 5155 • www.yinyang.ae • T.l.j. 10h-23h • Massage du dos : 210 Dhs l'heure.

Samovar

Tapis

17 Plan D2

Depuis quatre générations, une famille irakienne raconte une histoire de laine et de soie brodée. Le show-room est envoûtant, conçu comme un musée ; chaque tapis tufté ou noué est un voyage vers l'imaginaire et s'affiche aux murs comme un tableau. Savant mélange de tradition et de modernité, Samovar édite aussi des collections capsules avec des stars de la mode comme Michael Cinco. Premier prix à 6 000 Dhs.

Building 19, Al Raya Street, City Walk 2 • M° Burj Khalifa/Dubai Mall• ☎04 244 3545 • http://samovarcarpets.com • Sam.-jeu. 10h-22h, ven. 14h-22h • Livraison dans le monde entier.

The Workshop

Galerie d'art, boutique et café

18 Plan D2

Cette villa de 400 m² à la devanture griffonnée, en retrait d'une grande artère, est un atelier évolutif. The Workshop offre un espace communautaire interdisciplinaire composé d'un café, d'une galerie d'art, d'un espace d'objets de métiers d'art et de design, et d'une sélection de vêtements et accessoires de créateurs. En fin de visite, installez-vous dans le jardin et croquez un *halloumi avocado wrap* (28 Dhs).

Villa 45, Street 23B sur Al Wasl Road, Jumeirah 2 • M° Business Bay • ☎04 341 2595 • www.theworkshopdubai.com • Sam.-jeu. 9h-21h.

Urbanist

Concept store

19 Plan D2

Fondée par un couple syro-américain, vous dénicherez ici des créateurs du monde entier. C'est une opulence de couleurs, de matières et même de marqueteries anciennes. Pour une robe fluide et vaporeuse, comptez 600-1 500 Dhs. On adore les délicats savons à l'huile d'olive The Khan's, ceux en forme de main de Fatma, l'amulette fétiche des civilisations islamiques, berbères et juives (à partir de 8 Dhs).

Boxpark M5-04, Al Wasl Road • M° Business Bay • ☎04 348 8002 • www.urbaniststore.com • Lun.-ven. 10h-22h, sam.-dim. 10h-23h.

Qko Asian Market

Supérette asiatique

20 Plan D2

C'est la supérette adorée des petits et des grands enfants branchés culture Japon-Corée-Thaïlande. Dépaysement assuré, dans ce micro supermarché il est impossible ou presque de lire les étiquettes. On achète donc à l'instinct des chips d'algues, des amandes Tteokbokki grillées (épicées), des bonbons Super Cola (acidulés et décapants), des cookies sakusaku pandas (à collectionner), des articles de boys band K-pop, des accessoires kawaii…

Boxpark M3-05, Al Wasl Road, vers l'angle Umm Amar Road • M° Business Bay • ☎05 0977 5303 • www.qkoasianmarket.com • T.l.j. 10h-minuit • À partir de 5 Dhs.

L'ISLAM *MADE IN* DUBAÏ

Les tribus établies sur le territoire d'Arabie ont été converties à l'islam par les Omeyyades au VIIIe s. Depuis cette époque et jusqu'à nos jours, 95 % des Émiriens pratiquent assidûment leur religion. Parallèlement, les étrangers, qui sont aussi de confessions différentes, représentent 88,52 % de la population du pays. Les différentes cultures cohabitent dans une bonne harmonie et le pays a trouvé un certain équilibre entre le respect des traditions musulmanes et celui de la liberté de chacun.

L'islam, religion d'État

Les musulmans doivent respecter le Coran et les cinq piliers de l'islam : *shahada* ou profession de foi, *salat* ou prière quotidienne, *sawm* ou jeûne, *zakat* ou aumône, et *hajj* ou pèlerinage à La Mecque. Un musulman doit faire preuve de générosité au bénéfice des œuvres caritatives religieuses. Les fêtes sont respectées par toute la population, un non-musulman ne pourra pas travailler ces jours-là. Afin d'encourager la conversion à l'islam, le gouvernement propose même des remises de peine aux prisonniers !

La charia

Les ÉAU appliquent la **charia**, loi canonique qui s'inspire des écrits du prophète Mahomet ; celle-ci régit la vie religieuse, sociale, politique et individuelle dans l'ensemble du pays. Si ces pratiques peuvent sembler exigeantes, les autorités adoptent cependant une politique d'ouverture vis-à-vis des personnes ayant d'autres convictions. Il est maintenant possible de demander que les lois du pays d'origine soient appliquées par les tribunaux des ÉAU. Dans la pratique c'est onéreux mais aussi ambitieux pour que des juges conservateurs administrent des lois étrangères inconnues ; notamment lors de requêtes judiciaires contestées ou dans les affaires familiales.

Sheikh Zayed Grand Mosque

Et les autres religions ?

La constitution des Émirats prévoit la liberté de religion pour tous dès leur création en 1971. Les non-musulmans sont libres de s'exprimer (sans prosélytisme) et de célébrer leurs fêtes. Quelques exemples de cette diversité à Dubaï : Shiva Temple chez les **hindouistes**, Saint Mary's et St Francis of Assisis chez les **catholiques** ou Holy Trinity Church chez les **protestants**. 2019, année de la tolérance aux Émirats, fut marquée par la visite du pape François à Abu Dhabi. Les autorités signèrent la reconnaissance des diversités religieuses vivant aux Émirats *(Document on Human Fraternity)*. Depuis, sur Saadiyat Island, un chantier dirigé par l'architecte Sir David Adjaye aboutira à l'inauguration de l'Abrahamic Family House, un symbole d'apaisement. C'est un complexe interreligieux légitimant les points communs des fois abrahamiques (islam, christianisme et judaïsme), réunissant trois lieux de culte. Imam Al-Tayeb Mosque, St. Francis Church et Moses ben Maimon Synagogue incarneront un pont de valeurs communes entre les civilisations et leurs messages religieux de paix.

https://www.forhumanfraternity.org/abrahamic-family-house/

La place de la femme

Contrairement à certaines idées reçues, la femme règne en maîtresse dans sa maison. Elle est l'autorité de la famille et doit être respectée par tous. La femme s'installe chez son mari après son mariage pour vivre avec toute la famille de celui-ci. Toutefois, de plus en plus de jeunes couples préfèrent l'intimité de leur propre logement. Si un homme a plusieurs épouses, il peut arriver que ces dernières cohabitent. Mais attention, n'imaginez pas que la **polygamie** soit monnaie courante : un Émirien qui n'a pas les moyens de subvenir correctement aux besoins de sa famille ne peut pas prendre une seconde épouse. ■

Prose religieuse

La poésie s'inscrit dans une longue tradition de communication orale, en grande partie favorisée par la transmission du Coran. Plus qu'un art, dans le monde arabe elle est considérée comme un don de Dieu. Les poètes les plus doués sont même présentés comme ses messagers, d'où leur renommée. Parmi les grands poètes de l'histoire émirienne, citons Ahmed Ibn Majid (1432 env.- 1500 env.), Mubarak Al Oqaili (1880-1954 ; voir p. 39), Salem bin Ali al Owais (1887-1959), Ahmed bin Sulayem (1905-1976), Khalfan Musabah (1923-1946), Sheikh Saqr Al Qasimi (1925-1993) et Sultan bin Ali al Owais (1925-2000), sans oublier la poétesse Ousha Bint Khalifa al Suwidi (1920-2018).

JUMEIRAH 3, UMM SUQEIM 1, 2, 3 ET LE BURJ AL-ARAB

6

C'est l'un des quartiers résidentiels les plus anciens et les plus appréciés de la ville, dans la continuité du quartier 5. Il s'étend de Dubai Canal jusqu'au sud du célèbre Souk Madinat. La Jumeirah Beach Road est l'axe principal qui l'anime. Ici, pas de gigantesques gratte-ciel mais quelques belles villas à proximité de la mer. Lieu de villégiature par excellence, ses plages publiques à l'eau parfois turquoise sont paradisiaques, surplombées par l'hôtel de la démesure, le Burj al-Arab.

Vue sur le Burj al-Arab depuis la mer

1 Safa Park✦

Souvent comparé à Central Park, Soja Park offre un panorama unique sur les tours de Downtown, mais il a perdu les deux tiers de sa surface d'origine pour permettre l'excavation de Dubai Canal. Fièrement entretenu, il reste l'un des jardins préférés pour pique-niquer les soirs de week-end. Piste de jogging, terrains de foot, BBQ à disposition et aires de jeux pour enfants, ses riverains attendent surtout l'avancée des travaux d'aménagement le long du canal.

Al Hadiqua Street/Al Wasl Road; entrée principale sur Al Athar Street, Jumeirah 2 • ☎04 349 2111 et ☎971 800 900 • https://www.dm.gov.ae/historic_item/safa-park/• Dim.-mer. 8h-22h, jeu.-sam. 8h-23h • Entrée : 3 Dhs.

2 Majlis Ghorfat Umm Al Sheif✦

De son nom arabe, le Majlis signifie le conseil ou l'assemblée. En 1955, le sheikh Rashid bin Saeed Al Maktoum établit ici sa résidence d'été. Des discussions importantes s'y tenaient pour prendre des décisions visionnaires au sein d'une zone peuplée alors de palmeraies et de cabanes de pêcheurs. Il est plaisant d'arpenter la simplicité du lieu en soirée, le long du jardin et de son système d'irrigation traditionnelle. Il y a un petit café Hide Out niché sous ses palmiers et quelques guirlandes illuminées. Très tranquille et peu visité.

Al Mehemal Street ou Al Tawaash Street, Jumeirah 3, entrée près de Beach Road • 800 33 222 • https://dubaiculture.gov.ae/en/attractions/heritage-sites/majlis-ghorfat-umm-al-sheif • Lun.-ven. 8h-22h • Accès libre.

3 Jumeirah et Umm Suqeim Beaches✦✦✦

De Dubai Canal jusqu'à Al Sufouh, au sud de Madinat Jumeirah, vous trouverez un large choix de grandes plages publiques. Sur Beach Road, toutes les rues ou presque mènent au littoral, séparées ici et là par des petits ports de plaisance. La plupart sont équipées d'infrastructures sportives, de pistes de jogging et de pistes cyclables, et comptent de nombreux restaurants.

Kite Beach

C'est l'une des plus fréquentées. Elle doit son nom aux kitesurfeurs qui accourent dès que la brise marine se lève. Ambiance sportive et bon enfant, il y a des terrains de volley et de padel tennis, et des châteaux gonflables savonneux. Mais aussi des paddle boards, des

Pause burger chez Salt

Si vous voulez déguster l'un des meilleurs burgers de la ville à la terrasse de l'ancien *food truck* le plus cool qui soit (maintenant resto bobo et familial construit en dur), vous êtes au bon endroit ! Un burger et des frites face à la mer : la simplicité existe aussi à Dubaï mais toujours avec style.

44 ***Kite Beach, Umm Suqeim 1 • 055 996 5802 • https://www.findsalt.com/en/home ou Instagram findsalt T.l.j. 8h-3h • Burger à partir de 40 Dhs.***

canoës et des surfs en location. Au sud, c'est aussi l'une des seules plages où la baignade est autorisée le soir, jusqu'à minuit.

Umm Suqeim Beach

Aussi appelée **Burj al-Arab Beach ou Sunset Beach,** cette plage est très prisée des touristes car c'est la plage publique la plus proche de l'hôtel emblématique. Située juste au nord de celui-ci, la vue est maintenant en partie bouchée par l'extension de l'hôtel Jumeirah, en forme de vague. Elle n'en reste pas moins populaire.

Nessnass Beach

Elle est située juste derrière Sunset Mall. Pour cette raison, certains l'appellent aussi Sunset Beach, ce qui crée parfois des confusions avec Umm Suqeim Beach. Elle est aussi très courue des kitesurfeurs, en un peu plus sauvage et authentique que Kite Beach.

Black Palace Beach

Il est facile de passer devant cette plage à l'écart de la foule sans en trouver l'entrée. Aussi connue sous le nom d'**Al Sufouh Beach,** on y accède par une piste de sable, située juste après un grand palace au sud de Madinat Jumeirah et avant la Palm Jumeirah. Ici pas de toiles d'ombrage, pas de douches, pas de *food trucks* ou d'ambiance californienne, mais une magnifique simplicité !

Kite Beach : *Jumeirah Road, Umm Suqeim 1; en face de Al Manara Road • www.kitebeach.ae/en • Accès libre.*

Umm Suqeim Beach : *Al Thanya Street, Umm Suqeim 3 • Accès libre.*

Nessnass Beach : *Al Nessnass Street, Jumeirah 3; derrière Sunset Mall • Accès libre.*

Black Palace Beach : *King Salman Bin Abdulaziz Al Saud Street, Al Sufouh; juste après l'arrêt de bus Dubai College 1 • Accès libre.*

Al Farooq Omar Bin Al Khattab Mosque

4 Al Farooq Omar Bin Al Khattab Mosque and Centre✦

Cette mosquée, peu touristique, est pourtant l'une des plus grandes des ÉAU avec un total de vingt-et-un dômes et quatre minarets hauts de 65 m. À l'entrée, une pancarte vous invite à entrer librement et vous révèle l'histoire de sa construction. Son nom rend hommage à l'un des compagnons du prophète Mohamed, reconnu pour son sens de l'équité. Son architecture, largement inspirée de la mosquée Bleue à Istanbul, est une réussite, et l'accueil est admirable.

6D Street, Al Safa 1 • ☏ 04 394 4448 • https://alfarooqcentre.com • Dim.-jeu. 10h-11h et 16h15-18h • Entrée libre • Prêt de vêtements • Résa conseillée pour les groupes (avec un guide culturel, 45-60 min).

5 Burj al-Arab✦✦✦

Le Burj al-Arab n'est à l'origine qu'un « simple » hôtel de luxe. Longtemps resté l'emblème de la ville, il garde encore aujourd'hui toute sa splendeur et fait la fierté des Dubaïotes. Tournée vers le monde, cette tour permet de saisir en un regard toute l'exubérance de Dubaï. Véritable symbole de réussite et de rayonnement du monde arabe, le Burj al-Arab se démarque et rivalise avec son « grand frère » le Burj Khalifa. Destiné à une clientèle très fortunée, cet hôtel offre un confort à la juste démesure de son luxe théâtral. Il abrite 199 suites, toutes en duplex et surplombant la mer.

Madinat Jumeirah

Entre extravagance, raffinement et kitsch

Avec son design futuriste, le Burj al-Arab a fait la une de la presse lors de son inauguration en 1999. L'architecte Tom Wright a imaginé un building jaillissant de l'eau, en lui donnant une forme de toile de boutre *(dhow)*. Pour rendre l'illusion encore plus réaliste, il l'a érigé sur une île artificielle, reliée à une plage de sable blanc, 280 m en retrait de la côte. En 2016, une terrasse de 3000 m^2 a été ajoutée à l'ouest de la superstructure. Fabriquée en Finlande, elle a été apportée en huit morceaux par la mer, pour accueillir finalement deux piscines, un restaurant et 32 cabanes privées. Mesurant 321 m de haut, le Burj al-Arab surprend par son luxe pompeux et son modernisme. Détail étonnant : ses armatures forment une croix chrétienne, uniquement visible de la mer. L'histoire ne dit pas s'il s'agit d'un hasard de conception…

Un véritable chef-d'œuvre

Élu établissement le plus luxueux de la planète à maintes reprises, c'est l'un des rares hôtels 7-étoiles au monde. Afin de protéger la façade de la chaleur et des vents de sable, celle-ci a été construite en Téflon et fibre de verre. De jour, la voile est blanche, la nuit elle se pare d'un spectre de couleurs. L'orientation du Burj al-Arab a été calculée avec minutie pour éviter que la plage privée ne soit recouverte par son ombre.

Quelques chiffres étourdissants : 1 600 m² de feuilles d'or, 24 000 m² de marbre *statuario*, 10 millions de carreaux de mosaïque…

Comment le visiter ?

Repaire de têtes couronnées et autres célébrités, il n'est pas donné à tout le monde de passer les portes de cet imposant bâtiment. Pour cela, il vous faudra obligatoirement réserver votre entrée. Soit en vous offrant un accès d'une journée à la piscine ou une séance de soins dans le sublime spa Talise perché à 150 m de haut. Soit en décidant d'aller prendre un thé ou encore de faire l'expérience d'une table étoilée. Mais ici rien n'est bon marché… pas même la visite guidée !

Jumeirah Beach Road, Umm Suqeim 3 • ☎ 04 301 7777 • https://www.jumeirah.com/en/stay/dubai/burj-al-arab-jumeirah • T.l.j. 24h/24 • Visite guidée à partir de 249 Dhs, Afternoon Tea : 739 Dhs • ☎ 800 467 433 • https://insideburjalarab.com/en • Résa obligatoire.

6 Madinat Jumeirah✦✦✦

L'une des attractions favorites des visiteurs et des Dubaïotes. Promenez-vous dans les ruelles de cet immense (40 ha) et luxueux complexe hôtelier et commercial qui restitue le climat d'une antique cité orientale. Voguez en gondole arabe *abra* sur un labyrinthe de canaux aux eaux cristallines, ou offrez-vous un restaurant avec vue imprenable sur le Burj al-Arab.

Une illusion presque parfaite

Certes Madinat Jumeirah n'est qu'une reconstitution artificielle, mais la réplique est réussie et la balade agréable. Avec la couleur sable des murs de gypse et les tours à vent reconstituées, vous vous évaderez facilement dans cet univers arabisant. À l'intérieur, c'est un dédale d'allées, où se succèdent boutiques et échoppes artisanales ambulantes, rappellant

Pause en catimini à la Villa 515

Beaux joueurs, on vous révèle cette pépite encore méconnue des voyageurs, qu'on aimerait pourtant bien garder secrète. Une femme émirienne passionnée de fragrances ouvre en 2013 une parfumerie dans une villa sans charme de Beach Road. De fil en aiguille, elle inaugure un petit café attenant, y met un peu d'âme, propose une cuisine simple et abordable et de belles finitions dans un patio renversant. Chuuut, vous êtes à la Villa 515 !

45 ***515 Jumeirah Beach Road, Jumeirah 3 • ☎ 05 515 2515 • Instagram : @cafevilla515 • T.l.j. 8h-22h • Croissant : 12 Dhs ; salade de lentilles : 48 Dhs • Résa conseillée.***

les méandres d'un souk traditionnel dans une casbah animée.

Un lieu de distractions

Le Madinat Jumeirah foisonne d'animations distrayantes : 3 km de canaux et de jardins desservent plus de 50 bars et restaurants, un souk, un théâtre d'art digital et multisensoriel (Toda), ou encore un amphithéâtre pour des manifestations pendant la haute saison. Vous apprécierez l'atmosphère du soir, lorsque les terrasses s'éveillent et les lumières scintillent et se reflètent dans les eaux turquoise.

Promenade sur les flots

C'est grâce aux canaux à la vénitienne que le Madinat Jumeirah rencontre un tel succès. Ces bassins entourent les terrasses du souk Madinat et les jardins du groupe hôtelier. Ils accueillent même des tortues en convalescence du côté de l'hôtel Mina A'Salam, blessées et recueillies sur les plages ou au large de la mer du Golfe. Si les clients des hôtels ou des restaurants de l'enseigne Jumeirah peuvent emprunter gracieusement les *abras* électriques qui y naviguent, plusieurs formules sont aussi proposées pour les visiteurs (à partir de 100 Dhs).

King Salman Bin Abdulaziz Al Saud Street, Al Sufouh • 04 366 8888 ou 800 738 245 • https://www.jumeirah.com/en/collection/madinat-jumeirah • Magasins 10h-23h, restaurants 8h-2h • Accès libre • Tours en abra : https://www.jumeirah.com/en/article/experiences/dubai/mj/abra-tour

Restos Bistrots

French Riviera Beach

Gastronomie française

46 Plan B4

Ne réservez pas au « French Riviera » tout court, qui vous emmènera dans les jardins plutôt que sur la belle terrasse échouée sur le sable. À sa tête, le chef Kim Joinié-Maurin, un ex de chez Joël Robuchon puis du fastueux Burj al-Arab. La note est exigeante mais chaque plat est une exploration créative, comme le pain perdu revisité en crème brûlée (55 Dhs). C'est un sans-faute gastronomique avec un service minutieux. Petit bémol pour la musique du DJ.

Al Qasr Hotel, King Salman Bin Abdulaziz Al Saud Street et Umm Suqeim Street, Umm Suqeim 3 • 04 432 3232 • www.jumeirah.com/en/dine/dubai/al-qasr-french-riviera-beach • T.l.j. 8h-11h et 13h-22h30 ; f. en été • Minimum de dépense/pers. midi : 250 Dhs, dîner : 350 Dhs • Licence d'alcool • Âge : plus de 18 ans • Résa conseillée.

Zaytóni

Libano-arménien 47 Plan C3

Zeitoun, zaytoun… dans tous les dialectes arabes, ça signifie olive. C'est entendu, l'adresse fait la part belle à la Méditerranée orientale (mais aussi à l'Arménie), avec ses accents entêtants du Sud et ses autres vedettes : l'aubergine, le pois chiche… Les tables sont plantées dans une serre où poussent quelques arbres. Un joli cadre pour découvrir le *basterma* (viande de bœuf épicée) et la *manakeesh zaatar* (pizza chausson au thym).

Jumeirah Beach Road, Umm Suqeim 1; au carrefour d'Al Manara Road • 04 338 2070 et 04 338 2071 • Instagram : @zaytoni_dubai • T.l.j. 8h-2h • **Basterma :** *32 Dhs;* **manakeesh :** *18 Dhs.*

Single Fin at the Surf House

Sur le pouce 48 Plan C4

Surf House est une légende urbaine à la cool attitude. C'est ici qu'il faut venir prendre des cours de surf et de SUP (Stand Up Paddle), ou s'acheter la paire de tongs oubliée à la maison… La courette accueille un café décontracté proposant des petits plats revigorants. Les ingrédients sont majoritairement bio et locaux ; testez le Molokai Bowl hawaïen (52 Dhs) ou le Angry Mexican Tacos (49 Dhs). Ne pas confondre avec le prétentieux The Surf Café, tout à côté.

Villa 110, Al Soon Street/41 A Street (off Jumeirah Beach Road), Umm Suqeim Beach, Umm Suqeim 2 • 050 504 3020 ou 04 591 7159 • https://surfingdubai.com • Lun.-jeu. 7h-19h, ven.-dim. 7h-21h.

Kaftan

Ottoman 49 Plan B4

C'est l'une des meilleures tables pour découvrir la cuisine turque et ottomane. Entre plats traditionnels et cuisine fusion, le propriétaire, originaire d'Anatolie, a su créer une carte remise au goût du jour. On recommande le yaourt Labne aux graines de sésame et les feuilles de vigne Yaprak Sarma (27 Dhs chacun). Il y a parfois foule pour s'asseoir sur la terrasse, qui offre une vue partielle sur le Burj al-Arab.

Jumeirah Beach Road, Umm Suqeim 3; en face de Jumeirah Beach Hotel • 04 338 9688 • www.kaftan-restaurant.com • T.l.j. 9h-minuit • Autre adresse à La Mer.

Mama'esh

Palestinien 50 Plan C4

Les influences des mets traditionnels du Proche-Orient se retrouvent souvent autour de similitudes, par leurs noms, leurs ingrédients et leurs saveurs. Chez Mama'esh, des subtilités étonnantes sont à l'œuvre, ET, ce qui ne gâche pas la fête, l'endroit est charmant sans addition assassine. La trouvaille à faire tressauter les papilles : le Palestinian Hummus Fatteh, du pois-chiche aux piments verts plutôt doux avec ou sans viande d'agneau.

Al Wasl Road, Villa 1081, Al Safa ; près du carrefour Al Thanya Street • 600 548 287 • www.mamaesh.com • T.l.j. 7h-1h • Hummus Fatteh à partir de 25 Dhs.

Pai Thai

Thaïlandais

51 Plan B4

À la réception de l'Al Qasr Hotel, demandez à monter dans l'*abra* qui vous mènera, par les canaux intérieurs, jusqu'au quai de ce restaurant chic. Si la température le permet, vous serez servi sur le ponton. La douce ambiance de bois exotique, de lumières tamisées, accompagnée d'une danseuse jouant du khim, vous transportera en Thaïlande le temps d'une soirée.

Al Qasr Hotel, King Salman Bin Abdulaziz Al Saud Street et Umm Suqeim Street, Umm Suqeim 3 • 04 432 3232 • www.jumeirah.com/en/dine/dubai/al-qasr-pai-thai • Lun.-ven. 18h-23h30, sam.-dim. 12h-23h30 • Curry : 105-205 Dhs • Licence d'alcool • Résa conseillée.

Pai Thai

Babu

Indien

52 Plan C3

Le restaurant-boutique (dit « Babou ») au look street art version indienne est sans conteste une belle rencontre à faire. On préfère être assis à l'intérieur plutôt que le long de la bruyante Beach Road, afin de mieux se concentrer sur cette cuisine inventive et assaisonnée. Conseil de commande : un *murgh sikander* (boulettes de poulet, 55 Dhs) accompagné d'un jus jungle passion (29 Dhs) afin d'adoucir le feu en bouche.

Jumeirah Beach Road, Umm Suqeim 1 ; avant Abu Dhabi First Bank • 04 321 2766 • Instagram : @babu.uae • T.l.j. 12h-2h.

Jaow

Café

53 Plan C3

Selon les heures du jour et de la semaine, Jaow désert calme et tranquille, se transforme en fourmilière peuplée de locaux. La carte, café et pâtisseries uniquement, est aussi minimaliste que la déco (magnifique !). Il y a aussi un jardin et un toit-terrasse si le bruit de la rue ne vous gêne pas. Leur café est en moyenne un peu plus cher qu'ailleurs mais le *barista* connait sa potion, la torréfaction est subtile.

Jumeirah Beach Road, Jumeirah 3, • 050 348 5414 • Instagram : @jaow_ae • Lun.-ven. 8h-minuit, sam.-dim. 8h-1h • Cafés : 18-55 Dhs.

Bars, clubs Sorties

Gilt

Bar 28 Plan B4

À défaut de vous offrir une chambre, faites au moins une fois l'expérience de boire un verre dans l'hôtel le plus cher du monde. Vous serez suspendu à 200 m de haut, face à l'immensité obscure des eaux du golfe. Maître de cocktails rocambolesques (tous à 90 Dhs), l'expert en mixologie Thibault Mequignon a une approche unique des boissons qui s'inspire de la cuisine étoilée Michelin dont il a fait partie. Aux murs, c'est du marbre blanc filé d'or…

Burj al-Arab, level 27, Jumeirah Beach Road, Umm Suqeim 3 • ☎ 04 432 3232 ou ☎ 04 301 7600 • www.jumeirah.com/en/dine/dubai/burj-al-arab-gilt • Dim.-jeu. 18h-1h, ven.-sam. 18h-2h • Pas de minimum de dépense • Tenue correcte exigée • Âge : plus de 21 ans • Résa obligatoire.

Bar Buci

Bar 29 Plan B4

Buci vous promet du glamour, un style de vie épicurien et se donne des airs de brasserie d'artistes à Saint-Germain-des-Près. Le nom des cocktails est un poème en soi, le Tabou, la Môme ou Burlesque. On s'y croirait presque, avec des répliques de miroirs au mercure, des effluves d'absinthe et des tempos de jazz rétro. L'environnement est arabisant autour de la coupole et son olivier, tourné vers les canaux et la voile du Burj al-Arab.

Al Qasr Hotel, King Salman Bin Abdulaziz Al Saud Street et Umm Suqeim Street, Umm Suqeim 3 • ☎ 04 432 3232 • www.jumeirah.com/en/dine/dubai/al-qasr-bar-buci • Dim.-ven. 17h-2h, sam. 16h-2h • Cocktails : 50-125 Dhs • Résa conseillée.

Trader Vic's

Bar-restaurant 30 Plan B4

Trader Vic's surfe entre un voyage à La Havane et la découverte d'une paillote tiki dans une île polynésienne. Les week-ends, il règne une atmosphère de vacances sous les tropiques avec un *live* de chanteurs cubains (t.l.j. dès 20h30). Sur des airs de salsa, vous pourrez jouer les flibustiers et commander un Mai Tai en solo ou une potion à partager.

Souk Madinat Jumeirah, King Salman Bin Abdulaziz Al Saud Street et Umm Suqeim Street, Umm Suqeim 3 • ☎ 04 368 6559 • www.tradervicsmadinat.com • T.l.j. 12h-1h • Happy hours dim.-ven. 16h-20h • Mai Tai original : 65 Dhs; Tiki bowl (2 pers.) : 140 Dhs.

Bahri

Bar 31 Plan B4

À l'heure de l'apéritif, profitez d'une vue sublime sur le Burj al-Arab en sirotant un gin-bergamote The Silk Road autour de quelques peccadilles salées à partager. Vous apprécierez l'atmosphère de velours et de soies lisses, le tout sublimé par un bar en marbre ancré dans un socle de prismes bleus, sous l'effet théâtral et dramatique d'un lustre flamboyant.

Mina A'Salam Hotel, King Salman Bin Abdulaziz Al Saud Street et Umm Suqeim Street, Umm Suqeim 3 • 04 432 3232 • www.jumeirah.com/en/dine/dubai/mina-a-salam-bahri-bar • Lun.-ven. 17h-1h, sam.-dim. 16h-1h • Cocktail : 85 Dhs • Âge : plus de 21 ans.

Shimmers

Bar-restaurant lounge

32 Plan B4

Shimmer veut dire chatoyer… et c'est exactement ce qui vous attend dans ce restaurant grec posté à quelques mètres de la mer. Un miroitement d'eaux scintillantes et de crépuscule embrasé avec le meilleur spot de la ville pour admirer les couleurs nocturnes du Burj al-Arab. Côté lounge, c'est bien plus confortable, avec au choix, des banquettes ou des *bean bags* ensablés dont vous ne décollerez plus.

Mina A'Salam Hotel, sur la plage, King Salman Bin Abdulaziz Al Saud Street et Umm Suqeim Street, Umm Suqeim 3 • 04 432 3232 • www.jumeirah.com/en/dine/dubai/mina-a-salam-shimmers • T.l.j. 12h30-minuit; Live DJ : lun.-jeu. 18h-22h, ven.-sam. 15h-16h30 et 18h-22h30 • Cocktail à partir de 85 Dhs • Âge : plus de 21 ans.

Hôtels B&B

Jumeirah Al Naseem

Hôtel de luxe

Parmi les nombreux hôtels luxueux de l'enseigne Jumeirah, Al Naseem, le plus contemporain du Madinat, se jette littéralement au pied du Burj al-Arab. Pour la vue c'est incomparable, et pour le reste, vous pouvez profiter de toutes les facilités (restaurants, spa, plages, piscines, kids club…) des deux palaces voisins Al Qasr et Mina A'Salam, des balades en buggy ou en *abra* sur les canaux, et l'accès au parc aquatique Wild Wadi. Une petite folie à s'offrir une fois dans sa vie !

Madinat Jumeirah, Umm Suqeim 3 (Plan B4) • 04 366 8888 • www.jumeirah.com • Entre 998 et 5 200 Dhs.

Sokoun Villa

Appartements

À quelques pas de la plage, voici un lieu hors cadre pour s'immerger dans une villa émirienne à la déco simple mais propre, réaménagée autour d'un incroyable patio blanc et cobalt.

Croisement Jumeirah Beach Road et Al Thanya Street (Plan C4); près d'Umm Suqeim Park • 04 345 2444 • https://sokoun-villa.hotels-in-dubai.org • Entre 300 et 510 Dhs.

Shopping Cadeaux

Garderobe

Dépôt-vente luxe 21 Plan C4

Un dépôt-vente de luxe dans une villa cossue d'Al Wasl Road. Les clientes viennent y déposer des vêtements et des accessoires de couturiers neufs ou tout juste portés. De vraies bonnes affaires si vous cherchez des Louboutin à prix réduit (env. 1 500 Dhs). Petit plus : la propriétaire, Micha Maatouk, parle un bon français et vous pouvez voir la collection et les disponibilités en ligne.

Villa 1224, Al Wasl Road Umm Suqueim 2 (à coté d'Union Coop) • 04 394 2753 • www.garderobe.ae • T.l.j. 10h-19h.

Home and Soul/ La Suite...

Concept store 22 Plan C3

Dans l'air du temps, Home and Soul met en scène une villa bohème et instinctive. Du mobilier de vie et de l'art tribal pour s'inventer un intérieur blanc-bois-lin version Byron Bay. Une partie du lieu est investie par le café Fiks et par La Suite…, dénicheur de mode durable, responsable et chic (comme Leon & Harper) et dépôt-vente fétiche pour expats françaises en manque de Jérôme Dreyfuss, Isabel Marant et autres icônes des *fashion victims*.

Villa 6, Al Wasl Road, entre Lowaini Street et 25 C Street, Umm Suqeim 1.

***Home and Soul :** 056 112 1444 • https://homeandsouldubai.com • Lun.-ven. 9h-20h, sam.-dim. 10h-20h • Coussin à partir de 295 Dhs.*

***La Suite... :** 054 320 3760 • https://lasuite.ae • Lun.-ven. 10h-19h, sam.-dim. 11h-18h.*

O'de Rose

Accessoires, mode et déco 23 Plan C4

Dans une villa transformée en caverne bohème, O'de Rose est une adresse atypique. La boutique vend ses coups de cœur pour des artistes locaux, marocains et libanais, ainsi que des curiosités du monde oriental dans son ensemble. Tee-shirts calligraphiés (260 Dhs), sarouels,

Home and Soul/La Suite...

gris-gris et bijoux ethniques. Côté déco, des meubles de designers émergents, des textiles et des bibelots colorés, tout est surprenant !

999 Al Wasl Road, Umm Suqeim 2 • 04 348 7990 • https://o-derose.com • T.l.j. 10h-20h.

Ripe Market

Marché

24 Plan C4

Maraîcher bio précurseur, Ripe est devenu en quelques années une véritable institution. C'est un label de qualité dont la production est vendue partout, même dans les écoles. Le marché éponyme réserve de belles surprises, avec en dehors de l'étal de denrées biologiques, des artisans et des créateurs aux marchandises éclectiques. Bijoux, vêtements, déco… mais aussi activités pour les enfants, food trucks, classes de yoga et concerts.

Police Academy Park, Umm Suqeim Street, Al Sufouh 1; passer le poste d'entrée de l'académie, le parc est vers la gauche • M° Mall of the Emirates • 04 315 7000 • https://ripeevents.com • Accès au Park : 5 Dhs • Sam.-dim. 9h-21h; f. en été • Autres marchés et événements à Dubaï et Abu Dhabi, voir l'agenda en ligne.

Amongst Few

Streetwear, barbier et café

25 Plan C3

À l'entrée de la villa, vous remarquerez le Sneaker Laundry, sorte de lavomatic-spa 3-étoiles pour baskets en danger. Vous serez ensuite happé par un café au rythme funky et une boutique au répertoire streetwear impeccable le long des murs de parpaings et béton gris. Vinyles, skateboards et corner à chaussures de cador. L'essentiel de la mode s'adresse aux hommes avec les iconiques tee-shirts du graphiste underground de Dubaï, Satwa 3000.

Villa 3 Bahwan Complex, 966 Al Wasl Road, entre Lowaini Street et 25 C Street, Umm Suqeim 1 • 04 236 0031 • www.amongstfew.com • T.l.j. 9h-21h • Tee-shirt : 220 Dhs.

Activités Détente

Balade à vélo d'Umm Suqeim à Jumeirah

Si vous aimez musarder sans marcher ni lézarder, il vous suffit d'emprunter la piste cyclable sur la plage. Simple comme bonjour et pour seulement 20 Dhs/jour sur l'application Careem Bike, vous pouvez louer un vélo (électrique) pendant 45 min, au-delà c'est 10 Dhs/30 min. Malin, reposez votre engin toutes les 40 min, allez faire un plouf ou boire un jus et reprenez-en un autre…

Infos et stations sur https://www.careem.com/en-ae/careem-bike/ • Télécharger en amont l'appli. avec une connexion Wi-Fi et utiliser la carte Free 1 GB Tourist SIM reçue à l'aéroport ou infos sur https://www.du.ae/tourist

TOP DES ADRESSES AU BORD DE L'EAU

Embrassant la Creek ou tournés vers le golfe Persique, Dubaï ne manque pas de cadres idylliques pour déployer ses rubans de sable et ses eaux scintillantes. On pourrait conseiller ici une liste interminable d'adresses à découvrir, mais puisqu'il faut choisir...

Sol Sky Bar

Admirez le crépuscule depuis votre *lounge bed* quand la Creek s'habille de lumières.

Voir p. 31, Bur Dubai.

The Beach House

Un nid douillet pour les amoureux, loin de l'effervescence urbaine.

Voir p. 141, Palm Jumeirah.

Palm West Beach

Un concept tout-en-un pour nager, buller et siroter. Le plus dur c'est de choisir.

Voir p. 136, Palm Jumeirah.

Jetty Lounge

Les pieds dans le sable... en fredonnant l'air de *Happy*, ça vous dit ?

Voir p. 131, Dubai Marina et JBR.

Shimmers

Pour voir le soleil rougir et le Burj al-Arab embraser la ville.

Voir p. 106, Jumeirah et Umm Suqeim.

Beach House

Sur l'une des plus belles plages de l'île Saadiyat à Abu Dhabi, un favori à mettre en fond d'écran.

Voir p. 174, Abu Dhabi.

Shimmers

AL QUOZ ET ALSERKAL AVENUE

7

Quartier situé en plein cœur de la zone industrielle, c'est ici que l'on déniche de véritables pépites. Bottier italien, restaurateurs de voitures de collection, *bootcamp* entre les manufactures et cafés branchés, c'est une caverne d'Ali Baba ! L'incontournable Alserkal Avenue est devenue le fleuron du quartier, un site de galeries d'art, de créateurs et de boutiques tendance.

Courtyard

1 Alserkal Avenue✦✦✦

Pénétrez dans l'antre underground des artistes de la ville, le QG des amateurs d'art et l'incubateur de start-up prometteuses. Fondé par l'Émirien Abdelmonem Bin Eisa Alserkal, ce réseau d'entrepôts minimalistes est un creuset de créatifs et abrite des galeries d'art, des boutiques et des cafés *cool vibes* à l'atmosphère audacieusement désinvolte. Perdez-vous dans ces hangars branchés et faites le plein d'art contemporain et de shopping insolite.

6A Street, 17th Street ou First Al Khail Street, Al Quoz Industrial 1 • M° Al Safa • ☎ 04 333 3464 • https://alserkal.online • T.l.j. 10h-19h • Entrée libre.

2 Courtyard✦✦✦

Non loin de l'agitation de la Sheikh Zayed Road, ce nid d'artistes a été créé en 1998 par Dariush Zandi, acteur de la scène artistique de Soho dans les années 1970. À Dubaï, cet architecte et photographe de renom a su imposer la première plateforme culturelle dans le secteur d'Al Quoz. L'allée fleurie, enclavée entre deux rues, ressemble à une oasis. Le lieu accueille une résidence pour des expos, un théâtre, un bistrot, un collectif de créateurs et de nombreux marchés pop-up.

4B Street ou 6A Street, Al Quoz Industrial 1 • M° Al Safa • 04 347 5050 • www.courtyard-uae.com • T.l.j. 8h-19h • Accès libre.

3 Bounce✦

Un hangar empli de plus de 50 trampolines interconnectés pour atteindre l'un des préceptes de la NASA : l'exercice de rebond est la forme d'entraînement la plus efficace jamais conçue par l'homme. Coordonner les gestes et le regard, évaluer les distances : vous serez surpris par tous les bénéfices d'une séance de saut, cardio et superpouvoir anti-stress.

Building #32, 4B Street, Al Quoz Industrial 1 • M°Al Safa • 04 321 1400 • https://bounce.ae • Lun.-ven. 13h-21h, sam. 10h-21h, dim. 10h-20h • Entrée à partir de 85 Dhs; enfant moins de 110 cm : 75 Dhs ; conseil : apporter une paire de chaussettes pour éviter d'en acheter une.

Oli Oli

4 Oli Oli✦✦

Pas de stimulations excessives ni de musique assourdissante, Oli Oli (« joie » en hawaïen) est

Pause café au Boston Lane

Une influence de riad marocain, un goût du café inspiré par la culture de l'expresso de qualité issue de la vague d'immigration italienne chez les Aussies, c'est la belle combinaison créée par deux expatriées australiennes. L'expression anglaise *procaffeinating* prend ici tout son sens – retarder toute action avant d'avoir bu un bon café.

54 *Courtyard, 4B Street ou 6A Street, Al Quoz Industrial 1 • M°Al Safa • 058 517 2131 • www.bostonlane.com • T.l.j. 7h30-19h • Expresso : 18 Dhs.*

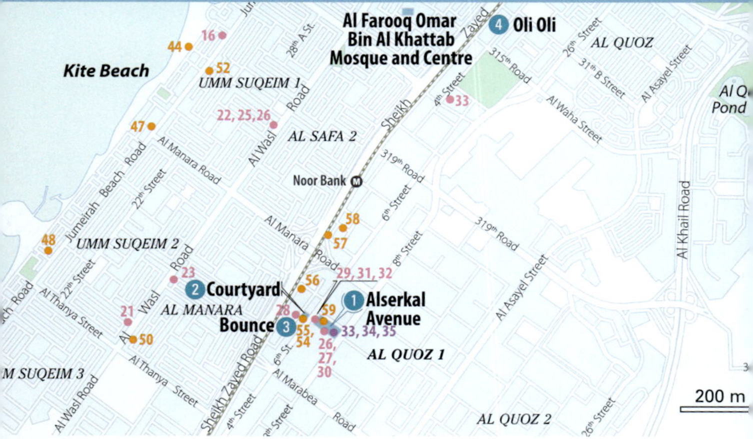

l'un des rares endroits récréatifs de la ville destinés aux enfants à ne pas donner de maux de tête aux grands. Des idées de génie rapportées des quatre coins du globe éveillant les cinq sens et bousculant les neurones, même ceux des parents ! Sur deux niveaux, les huit galeries proposent plus de quarante activités interactives vous transportant dans une cité des sciences onirique et ludique.

4th Street, Al Quoz 1; à côté d'Oasis Mall • ☎04 702 7300 • https://olioli.ae • Lun.-jeu. 9h-18h, sam. 9h-20h, dim. 9h-19h • Entrée 1 adulte + enfant : 126 Dhs (session de 2h ; si 2e adulte : 42 Dhs) • Conseil : apportez une paire de chaussettes.

Restos | Bars | Hôtels | Shopping | Activités

Restos Bistrots

Cassette

Bistrot **55** Plan C4

Un restaurant prisé du quartier avec un style à la française. Si la cuisine s'inspire des bistrots chic, le propriétaire Haider Madani est iraquien et son chef, sud-africain. Pour les réjouissances, des pommes de terre aux truffes à la lyonnaise, mais aussi des tartines fondantes d'avocat et des gaufres de canard confit. Pour ne rien gâcher, la playlist est à

Et le *street art* alors ?

Dès la sortie de l'aéroport, vous serez surpris par la propreté des bords de routes mais aussi par l'absence de tags sur les murs, les bâtiments, les tunnels... Dégrader le bien public peut coûter cher aux Émirats ! La ville commissionne cependant des artistes émergeants ou réputés pour exprimer leur art sur les murs. Partez à la chasse aux plus beaux graffitis :

Street 18B, Karama Shopping Complex – Quartier 1

La Mer (p. 80) – Quartier 5

Dubai Street Museum, Satwa, Al Diyafah Street (ex 2nd December Street) – Quartier 5

Dubai Walls à City Walk (p. 14 et 82) – Quartier 5

Le long de Jumeirah Beach Road, entre Jumeirah 3 et Umm Suqeim 3 – Quartier 6

The Walk (p. 123), Jumeirah Beach Residence – Quartier 8

vendre ainsi que quelques autres vinyles et le service attentionné.

The Courtyard Gallery, 4B Street ou 6A Street, Al Quoz Industrial 1 • M° Al Safa • ☏ 04 349 1966 • http://cassette.ae ou Instagram : @cassettedxb • T.l.j. 8h-18h • Plats : 55-95 Dhs.

Tom & Serg

Café, sur le pouce — 56 Plan C4

Dans ce café branché, on se croirait à Melbourne ou à L.A. C'est le rendez-vous des gens cool, dans une décoration industrielle sur deux niveaux, avec une cuisine ouverte, des serveurs tatoués... Une atmosphère décontractée donc, loin du faste de Dubaï. Un *barista* expert a élaboré la carte des cafés et pour la cuisine il y en a pour toutes les nationalités. Œufs Aussie Benedict à 72 Dhs, ou Fish Tacos à 69 Dhs.

Al-Joud Center, 15A Street, Sheikh Zayed Road, en face de Burjeel Hospital • M° Al Safa • ☏ 056 474 6812 • https://eatx.com/tom-serg/ • Lun.-ven. 8h-16h, sam.-dim. 8h-18h.

Raju Omlet

Indien — 57 Plan C4

Dans ce repaire insolite, une découverte épicée. La partition tourne autour de l'omelette, sous l'œil aventureux des icônes bollywoodiennes affichées aux murs. Si vous trouvez les œufs indigestes, Raju vous réconciliera avec cet ingrédient de haute volée. Chaque recette est inventive et moelleuse. En plus d'être un ovni gustatif, ses prix sont ahurissants (10-20 Dhs le plat). Gare aux files d'attente aux heures de repas !

Real Estate International Building (rue parallèle entre la 7A Street et Al Manara Road), Al Quoz Industrial 1 • M° Al Safa • ☏ 04 388 3355 • http://www.rajuomlet.com ou Instagram : @rajuomlet • T.l.j. 8h-23h30.

Raw Coffee Company

Torréfacteur — 58 Plan C3-4

Un espace brut reconverti en véritable laboratoire scientifique, où les maîtres *baristas* recherchent l'alchimie parfaite et proposent une variété impressionnante de café, tous 100 % organiques et 100 % éthiques. Ces sommeliers du café sauront vous conseiller ou même vous former à l'art de faire le bon jus. À consommer sur place ou à emporter dans vos valises.

Au coin des 7A Street et 4A Street, près d'Al Manara Road, Al Quoz Industrial 1 • M°Al Safa • ☎04 339 5474 • www.rawcoffeecompany.com • T.l.j. 7h-18h • Paquet de café : à partir de 45 Dhs; atelier de 2h minimum : à partir de 262 Dhs.

A4 Space

Sur le pouce — 59 Plan C4

L'espace de co-working ouvert à tous est aussi un lieu d'expos. Il y a une salle de cinéma, une bibliothèque, une boutique Curate, le tout organisé autour d'un petit café comptoir Mobi où l'on peut prendre le pouls de la vibrante communauté qui travaille tout autour. Simple, bio avec des ingrédients frais et de qualité. Parfait pour un jus détox (21 Dhs) avant de visiter Alserkal Avenue.

Alserkal Avenue, 6A Street, 17th Street ou First Al Khail Street, Warehouse 4, Al Quoz Industrial 1 • M°Al Safa • ☎050 556 9797 • https ://alserkal.online • Lun.-sam. 9h-19h.

A4 Space

Bars, clubs Sorties

Cinema Akil

Art et essai — 33 Plan C4

Oubliez les blockbusters 3D ou 4D dans les multiplexes standardisés. Chez Cinema Akil, vous serez transportés dans une salle au style glamour et rétro, accolée à un salon de thé-snack hindi, Project Chaiwala. Cinéma nomade pop-up, la plateforme cinématographique s'est sédentarisée. Elle diffuse des films régionaux et internationaux acclamés par la critique, par cycles ou genres. La programmation bouscule les codes conformistes. Une ode au 7e art !

Alserkal Avenue, 6A Street, 17th Street ou First Al Khail Street, Warehouse 68, Al Quoz 1 • M°Al Safa • ☎05 8909 7798 • www.cinemaakil.com • T.l.j. 11h-23h • Programmation presque quotidienne, vérifier l'agenda en ligne • Entrée : 56 Dhs.

The Fridge

Concerts — 34 Plan C4

Ce lieu unique occupe le devant de la scène underground, dans l'un des entrepôts d'Alserkal Avenue. La salle de concerts s'adresse à un public de connaisseurs (on n'y vient pas pour écouter les refrains commerciaux) et encourage les meilleurs talents locaux à se produire en *live*. The Fridge a su réveiller le paysage musical de Dubaï en proposant des concerts classiques, jazz, rock, funk et hip-hop.

Alserkal Avenue, 6A Street, 17th Street ou First Al Khail Street, Warehouse 5, Al Quoz Industrial 1, M°Al Safa • 04 347 7793 • www.thefridgedubai.com • Programmation et billets sur Instagram : @thefridge.me • Billet : 80 Dhs.

The Junction

Centre culturel — 35 Plan C4

The Junction pourrait être comparé à un café-théâtre ; c'est ici que les performers, les interprètes en herbe, les amateurs ou les acteurs de talents se retrouvent, s'épanouissent et prennent des risques pour nous faire rire ou pleurer. Cet espace polyvalent est le foyer des artistes locaux. Il est très apprécié des Français grâce aux nombreuses représentations initiées par Culture Emulsion, le producteur des arts de la scène francophone.

Alserkal Avenue, 6A Street, 17th Street ou First Al Khail Street, Warehouse 72, Al Quoz Industrial 1 • M°Al Safa • 04 347 7793 • www.thejunctiondubai.com et www.culture-emulsion.com • Lun.-sam. 10h-17h (ouv. plus tard selon spectacles) • Programmation en ligne.

Shopping Cadeaux

The Edit

Concept store — 26 Plan C3

Une boutique multimarques proposant une mode minimaliste triée sur le volet. Avec aussi les belles céramiques d'East Gallery et ses vases totems orientaux, à partir de 147 Dhs ou encore les bougies du label éthique parisien Noyoco. Un comptoir propose aussi du bon café au fond de la boutique.

Alserkal Avenue, 6A Street, 17th Street ou First Al Khail Street, Warehouse 48, Al Quoz

Pop up de créateurs : Marina Souq

Souvent le jeudi à Alserkal Avenue, quelques tables se déploient (autres adresses possibles, ainsi qu'à Abu Dhabi) pour accueillir une ruche de « mompreneurs », des mamans femmes d'affaires ! Un réseau de créatrices talentueuses (dont 1/3 de Françaises) se partage ce pop-up éphémère. L'ambiance est plutôt joyeuse avec de bonnes trouvailles mode, bien-être et déco.

Adresses et horaires : voir les pages Facebook et Instagram ; f. en été • Facebook : Marina Souq ; Instagram : marinasouq.

Industrial 1 • 05 8917 4038 • Instagram : @theeditdubai et @eastgallery_dxb • T.l.j. 10h-20h.

Kave The Story of Things

Atelier de recyclage 27 Plan C4

Dans cet atelier-café où tout est recyclé, le collectif de créateurs vend des objets magnifiques issus du commerce équitable et réutilise des matériaux mis au rebut pour les transcender. Aux commandes, les sœurs Zaina et Rania Kanaan de Charicycles. Elles récupèrent des vieux biclous oubliés et les retapent en bécanes de luxe (à partir de 1 500 Dhs). Une partie de leurs recettes finance des vélos pour les enfants des camps de réfugiés.

Alserkal Avenue, 6A Street, 17th Street ou First Al Khail Street, Warehouse 20, Al Quoz Industrial 1 • M°Al Safa • 05 5102 4469 • https ://thestoryof things.com • Lun.-mar. 11h-18h, mer.-jeu. 11h-20h, ven.-sam. 9h-20h.

Charicycles (Kave The Story of Things)

The Collective by Ripe

Créateurs 28 Plan C4

À l'abri des regards, il faut oser passer le porche de Courtyard (p. 110) et s'aventurer jusque dans l'allée pavée pour dénicher ce joyau de créateurs. Inspiré des *laneways* de Melbourne – ruelles et arcades abritant de nombreux trésors – The Collective est le bel endroit où faire le plein de shopping et d'idées neuves. Ne ratez pas la mode enfant de Birdsn'Bees, la déco éthique-exotique de Tribe et les bijoux et accessoires de Vice Jewelry.

The Courtyard, 4B Street ou 6A Street, Al Quoz Industrial 1 • M°Al Safa • 04 315 7000 • https://thecollectivebyripe.com ou Instagram : @thecollectivebyripe • T.l.j. 8h-19h • À partir de 20 Dhs.

The Flip Side

Disquaire 29 Plan C4

L'un des seuls disquaires indépendants de la ville célèbre le retour en grâce du vinyle et dit « assez ! » à la musique compressée ! Nostalgiques des grésillements du diamant ou amateur de *jam sessions*, venez débusquer un album collector, une table de mixage et rencontrer les DJ de la scène musicale dubaïote.

Alserkal Avenue, 6A Street, 17th Street ou First Al Khail Street, Warehouse 71, Al Quoz Industrial 1 • M° Al Safa • 050 667 2108 • Instagram : flipsidedxb • Mar.-jeu. et sam.-dim. 12h-21h, ven. 15h-19h.

Nappa Dori

Artisan façonneur de cuir

30 Plan C4

L'esthétisme d'une forme épousant la fonction, l'odeur de peaux tannées et l'artisanat soucieux du détail, Nappa Dori est ce qu'on appelle un endroit qui se démarque. Littéralement traduit « cuir et fil » en hindi, tout ce qui peut être fabriqué en cuir comme accessoire ou objet trouve ici un écho. Set d'outils ou de couteaux à fromage, manche en cuir et étui assorti… Comme toujours le café n'est jamais loin, sur place même!

Alserkal Avenue, 6A Street, 17th Street ou First Al Khail Street, Warehouse 40, Al Quoz Industrial 1 • M° Al Safa • www.nappadori.com • T.l.j. 10h-19h • Tote Bag à partir de 100 Dhs.

Howlin'Rooster

Luthier

31 Plan C4

Basil est un enfant de la « troisième culture » (expatrié aux multiples pays d'accueil). Passionné de musique et d'ébénisterie, il a du talent au bout des doigts. Luthier autodidacte, il commence à recycler divers contenants (boîtes de conserve, boîtes à cigares), cherchant toujours le son parfait. Ouds, ukulélés, guitares acoustiques et électriques, chacune de ses œuvres est magique.

Galeries d'art

Cette dernière décennie, Dubaï et Abu Dhabi se sont imposées comme des destinations culturelles de premier choix. Si l'île de Saadiyat est le berceau culturel et artistique de la capitale, à Dubaï les galeries d'art de DIFC, D3 et Al Quoz font aujourd'hui figures de référence sur le marché international et aident à promouvoir l'art contemporain du Moyen-Orient.

Les galeries d'art incontournables d'Alserkal Avenue :

The Third Line : *Warehouse 78 • 04 341 1367 • www.thethirdline.com • Lun.-sam. 11h-19h.*

Ayyam Gallery : *Warehouse 11 • 04 323 6242 • www. ayyamgallery.com • Lun.-ven. 10h-18h, sam. 12h-18h.*

Lawrie Shabibi : *Warehouse 21 • 04 346 9906 • www.lawrieshabibi.com • Lun.-sam. 10h-18h.*

Gallery Isabelle Van Den Eynde : *Warehouse 16 • 04 323 5052 • ivde.viewingrooms.com • Lun.-sam. 10h-18h.*

En vente chez Art of Guitar à Courtyard, 4B Street ou 6A Street, Al Quoz Industrial 1, ou bien ou en direct à l'atelier de Basil à Sharjah sur rdv• M° Al Safa • 056 333 1165 • www.howlinrooster.com • T.l.j. 7h-20h • Kit de guitare 3 cordes à 300 Dhs, 6 cordes à 1200 Dhs.

The Odd piece

Décoration et antiquités

32 Plan C4

The Odd Piece (« la pièce étrange ») est un drôle de mélange d'antiquités, de pièces uniques de designer et de meubles vintage *mid-century*. Un mariage heureux de moderne et d'ancien et une rencontre de styles éclectiques, que la Saoudienne Arwa Hafiz met en scène avec brio. Chaque objet raconte une histoire oubliée et donne envie de réinventer son intérieur.

Alserkal Avenue, 6A Street, 17th Street ou First Al Khail Street, Warehouse 65, Al Quoz 1 • M° Al Safa • ☏04 379 1217 • http ://the-oddpiece.com • Lun.-sam. 10h-19h.

Mirzam Chocolate Makers

Artisan chocolatier

33 Plan C3

La petite fabrique qui régale le tout-Dubaï est une ode au cacao. Inspiré par les saveurs de l'Orient et la route des épices, l'artisan chocolatier propose des créations uniques et délicieuses autour de la fève aux milles vertus. Les sublimes emballages sont dessinés par les artistes de la région, et des ateliers découvertes et des dégustations sont proposés pour devenir incollable sur le Theobroma cacao, étymologiquement « nourriture des dieux ».

4th Street, derrière le show room Audi, Al Quoz 3 • ☏050 724 2411 (WhatsApp) • https://mirzam.com • T.l.j. 8h-23h • Dark Chocolate Chilli : 39 Dhs.

Mirzam Chocolate Makers

Activités Détente

Matcha Club

Yoga et padel tennis

Voici un lieu hors du commun qui retiendra votre attention, niché dans un jardin remarquable. Que vous soyez sportif en mode zen (yoga) ou en mode cardio (padel tennis, le sport qui fait fureur à Dubaï), il n'y a pas besoin d'être membre du club pour réserver un cours ou un terrain. Si vous êtes plutôt un contemplatif, rendez-vous au Nette (prononcez net), un très bel espace lumineux pour y déguster un smoothie ou un plat *healthy*.

20 8th Street ou First Al Khail Street • M° Al Safa • ☏04 548 8364 • www.matcha-club.ae • T.l.j. 6h-minuit • Entrée libre • Résa et paiement sur l'application Matcha Movement • Session de padel avec coach à partir de 400 Dhs/h pour 2 joueurs (équipement fourni) ; sans coach à partir de 300 Dhs/90 min (location/raquette 30 Dhs) ; cours découverte de yoga : 95 Dhs (tapis non fourni) • Smoothie : 34 Dhs.

NOS MEILLEURS CAFÉS

Et si vous partiez à la découverte des maestros de la graine ensoleillée ? Torréfacteurs, coffee shops, comptoirs enjôleurs ou pauses petit déjeuner, ils se mettent tous sur leur trente-et-un pour une dégustation simple ou corsée.

Boston Lane

Comptoir 102

Pour une halte locavore vitaminée… et repartir avec un accessoire de fashionista.

Voir p. 86, Jumeirah et Satwa.

Boston Lane

Le plus charmant des *qahwah* australiens, niché au sein d'un collectif de créateurs engagés.

Voir p. 111, Al Quoz et Alserkal Avenue.

Raw Coffee Company

Ce torréfacteur éthique forme les *baristas* de demain et vous régale de ses arômes puissants.

Voir p. 113, Al Quoz et Alserkal Avenue.

The Sum of us

Une valeur sûre et un lieu branché pour les traders du quartier, les dilettantes, les copains…

Voir p. 54, DIFC.

Jaow

Les pieds sur du béton ciré ou des galets, un café pour les puristes.

Voir p. 104, Jumeirah et Umm Suqeim.

Villa 515

Savez-vous jouer des coudes... pour obtenir le meilleur spot du patio ?

Voir p. 101, Jumeirah et Umm Suqeim.

LA MODE ET L'ÉTIQUETTE

Ce n'est pas par hasard si les Émiriens sont surnommés « les princes du désert ». Quelles que soient les circonstances, ils font toujours preuve d'élégance et se soucient de leur apparence, jusqu'au moindre détail. La mode *made in* Dubaï a trouvé ses marques, elle est à l'image de sa culture : un parfait mélange entre respect des traditions (souvent religieuses) et ouverture au monde moderne. Un paradoxe irrésistible !

Abaya et shayla pour les femmes

Lorsqu'elles quittent leur foyer, les femmes émiriennes veillent toujours à s'habiller dans le **respect des coutumes**. Elles couvrent leur corps, le protégeant ainsi du regard des autres. Cependant, elles ne sont pas contraintes de cacher leur visage ou leurs mains. La tenue traditionnelle féminine est l'***abaya*, une longue robe noire** qui tombe sous la cheville et couvre les bras et le cou. Plutôt élégante, elle est souvent accessoirisée d'ornements, de perles et de cristaux pour la personnaliser. Sur la tête, le **voile noir en mousseline de soie** est la ***shayla***; il permet notamment de distinguer les origines des femmes. Celui des Jordaniennes, par exemple, est de couleur claire et elles le portent à la manière d'un turban enroulé et serré. Sous l'*abaya*, les Émiriennes s'habillent souvent de vêtements de couturiers, du moins pour celles qui en ont les moyens. Cet amour inconditionnel du luxe, de la joaillerie et de la mode permet de modérer le poids des traditions.

Kandura et gutrah pour les hommes

Les hommes doivent, eux aussi, respecter certaines traditions dans leur tenue vestimentaire. Ils revêtent la ***kandura*** (ou *dishdasha*), **une robe blanche** immaculée. La coutume veut que l'homme en rétrécisse la longueur à chaque retour du *hajj* (pèlerinage à La Mecque) ; plus la robe remonte sur le mollet, plus celui qui la porte est un fervent pratiquant. La couleur de la robe peut changer et être beige, ou même noire pendant les mois plus froids. En hiver, certains la recouvrent d'un manteau en poils de dromadaire, signe d'une grande élégance. Le ***gutrah*** (ou *keffieh*) est la **coiffe traditionnelle** : un tissu blanc maintenu en place par une corde noire souple. Comme pour les femmes, on reconnaît les origines d'un homme arabe grâce à sa coiffe.

Un héritage culturel

Ces éléments vestimentaires ont une fonction pratique. Les voiles et les robes à manches longues aident notamment à se protéger des rayons brûlants du soleil. Mais ils sont aussi un héritage direct de la **culture bédouine** et les Émiriens sont incités à porter ce costume afin de perpétuer les traditions et d'affirmer leur identité nationale dans un pays où les immigrés sont majoritaires. Ils peuvent s'habiller de manière plus occidentale lorsqu'ils voyagent ou pendant le week-end, mais cela reste rare. Dans les familles vigoureusement attachées à cet héritage, certaines **femmes mariées** portent encore un masque bédouin en tissu légèrement métallisé (lui aussi appelé *burqa*, du même nom que la tenue intégrale afghane ou pakistanaise). Il sert à protéger le visage du soleil et de la poussière, mais aussi à respecter la sagesse et la modestie de la femme. Plus la femme vieillit, plus le masque s'élargit.

Propre comme un sou neuf !

Les Émiriens sont soigneux de leur hygiène et passent du temps dans les salons de beauté : soin des cheveux, rasage de la barbe au fil, épilation (des bras ou même du menton), pédicure, manucure… Tout y passe ! Le corps doit être soigné et les Émiriens n'ont aucune tolérance à l'égard des odeurs corporelles. La fréquentation du **hammam** fait partie de la vie quotidienne, comme rituel de purification de la peau. ■

La salutation, toute une histoire !

Les hommes émiriens pratiquent une coutume insolite, ils se disent bonjour nez contre nez ! Quand les Bédouins se déplaçaient et rencontraient d'autres tribus, ils tenaient les rênes de leurs dromadaires dans leur main droite et leurs épées dans la gauche. Ainsi pour se saluer, seul le nez était disponible… Si vous avez l'occasion de rencontrer une Émirienne, sachez que la plupart des femmes gardent une main sur la poitrine pour indiquer qu'elles préfèrent ne pas serrer la main des hommes. Cependant si la femme initie une poignée de main, dans ce cas répondez à ce bras tendu. Dans l'absolu, évitez tout échange tactile, accolades et autres effusions.

DUBAI MARINA ET JBR

8

Ce quartier dynamique, souvent piétonnier, appelé parfois le « nouveau Dubaï », a vu fleurir un bouquet de buildings logeant des familles et des jeunes célibataires, privilégiant l'incroyable vue aérienne. Vous aimerez flâner le long de la marina, partir en croisière sur un *dhow*, vous baigner à The Beach, découvrir l'île de Bluewaters et écouter le ronronnement incessant des dernières cylindrées.

Bluewaters Island et croisière en dhow

1 Mall of the Emirates✦✦✦

Ouvert en 2005, ce centre commercial à trois niveaux est impressionnant. Les plus téméraires pourront même y séjourner plus d'une journée ! Plus de 630 marques internationales, 100 restaurants et cafés, quelques hôtels et des espaces de divertissement familial, dont un théâtre et le célèbre Ski Dubai, première station de ski couverte du Moyen-Orient (tenue prêtée).

Sheikh Zayed Road, Al Barsha 1 • M° Mall of the Emirates • ☎800 663 6255 • www.malloftheemirates.com • Lun.-jeu. 10h-22h, ven.-dim. 10h-minuit, horaires variables selon les commerçants.

2 Croisière en *dhow*✦✦

Un circuit bien sympathique à bord d'un *dhow* traditionnel (boutre en bois) pour faire le tour de la marina. Profitez-en pour admirer ses tours et ses bateaux en passant au large de JBR. Savourez une boisson offerte pendant la promenade,

Dubai Marina

assis sur de confortables poufs. L'expérience dure 1 h et ne sera que plus belle si vous réservez votre traversée pour le coucher du soleil (17h-19h selon la saison).

Captain Jack ou Ali Baba - Bristol Charter, rond-point Al Tarres Street, Kiosk 1 East Marina Gate, Dubai Marina Walk; en face du café Bateel • M° DMCC • ☎04 368 2480 • www.bristolcharter.net • T.l.j. 12h-22h (départ ttes les heures; durée : 1h) • Billet adulte : 60 Dhs, enfant : 30 Dhs.

3 Dubai Marina Mall✦

C'est un mall à l'échelle raisonnable, qui offre de nombreuses distractions réparties sur quatre niveaux. Son attrait principal tient surtout à ses restaurants et cafés avec terrasse, donnant pour la plupart sur la marina et sa jolie promenade. Parfait pour un verre et admirer l'arrivée des mordus de la XLine.

Sheikh Zayed Road, Dubai Marina • M° DMCC • ☎04 436 1020 • www.dubaimarinamall.com • Dim.-jeu. 10h-23h, ven.-sam. 10h-minuit.

4 The Walk et The Beach à JBR✦✦✦

The Walk est très appréciée pour sa longue promenade au pied des gratte-ciel. L'atmosphère animée des bars et cafés, les fresques murales, le bourdonnement assourdissant des voitures de luxe et les embouteillages font partie du charme étonnant de cette rue surnommée JBR. La longue plage publique qui la borde a été baptisée « The Beach ». Le site aux mille tentations est maintenant un pôle d'activités très couru, développé par le même concepteur que La Mer, Meraas. Vous y trouverez un large choix d'activités, terrestre ou nautiques.

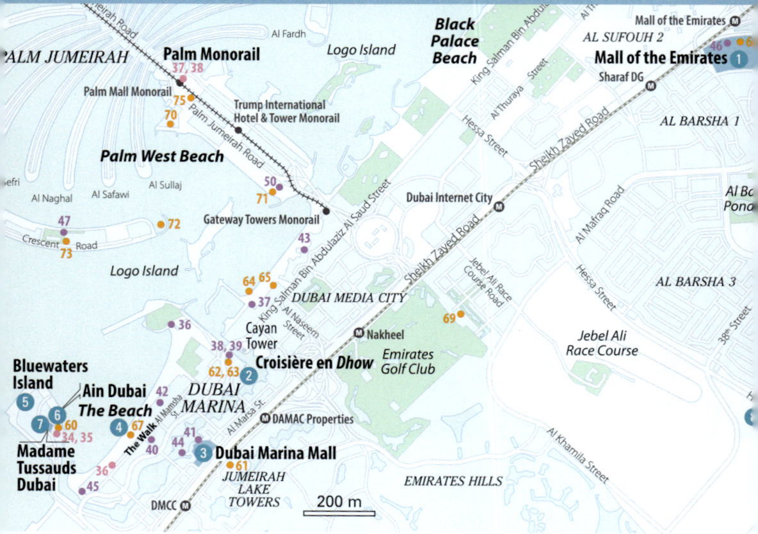

Jumeirah Beach Residence; accès par Al Gharbi Street ou Braih Street • M° DMCC ou Sobha Realty • ✆04 590 5090 • www.thebeach.ae/en/ • T.l.j. 10h-minuit; horaires variables selon les commerçants.

5 Bluewaters Island✦✦

C'est l'une des oasis artificielles les plus récentes de la ville. Elle est, pour ses divertissements phares, la terre d'accueil du Caesars Palace Bluewaters et de la gigantesque Ain Dubai. Vous apercevrez donc votre point de chute bien avant d'avoir atteint l'île. Les avenues en partie piétonnières serpentent autour de nombreux restaurants et boutiques qui se concentrent autour de trois secteurs à The Wharf, The Boulevard et Boardwalk.

Accès piéton par le Bluewaters Pedestrian Bridge, au sud de JBR ; en voiture par la Sheikh Zayed Road, sortie 31 ; en ferry, ligne FR1 : Bluewaters Station • ✆800 738 245 • www.bluewatersdubai.ae • T.l.j. 10h-minuit (horaires variables selon les commerçants) • Accès libre.

6 Ain Dubai✦✦

C'est la plus grande roue d'observation jamais conçue par l'homme ; son nom signifie « l'œil de Dubaï ». Pour les connaisseurs, elle vous rappellera probablement London Eye, sa « petite » sœur anglaise, désormais détrônée en envergure. L'expérience dure approximativement 38 minutes. Pour les visiteurs sujets au vertige, c'est impressionnant ! Bizarrement, une fois installé dans la nacelle, il est difficile de voir à l'œil nu que la roue tourne. C'est progressif et surtout ça monte très haut, jusqu'à 250 m. La vue est superbe au coucher du soleil. À éviter impérativement les jours brumeux.

Bluewaters Island, accès piéton par le Bluewaters Pedestrian Bridge, au sud de JBR ; en voiture par la Sheikh Zayed Road, sortie 31 ; en ferry, ligne FR1 : Bluewaters Station • ☎800 246 392 • www.aindubai.com/en • Mar.-mer. 10h-19h, jeu.-sam. 12h-21h ; f. en été • Entrée : 130 Dhs • Résa en ligne conseillée.

7 Madame Tussauds Dubai✦

Voici une occasion de faire croire à votre entourage que vous avez rencontré Justin Bieber et Jennifer Lawrence et qu'ils sont tellement sympathiques qu'ils vous ont laissé faire un selfie avec eux. Madame Tussauds, c'est l'équivalent anglais de notre musée Grévin. Les illustres poupées de cire sont désormais à Dubaï avec la particularité de rendre aussi hommage aux célébrités du monde arabe et de Bollywood. Les reconnaîtrez-vous ?

Bluewaters Island, accès piéton par le Bluewaters Pedestrian Bridge, au sud de JBR ; en voiture par la Sheikh Zayed Road, sortie 31 ; en ferry, ligne FR1 : Bluewaters Station • ☎058 592 7856 • www.madametussauds.com/dubai/ • Dim.-jeu. 12h-20h, ven.-sam. 11h-21h • Entrée : 135 Dhs.

8 Miracle Garden✦

Avis aux passionnés d'art topiaire ou simples amateurs de jardins prodigieux : ne ratez pas ce parc gigantesque ! Fermé en été, il se transforme chaque année au gré de projets toujours plus ambitieux. Inscrit au *Guinness des records*, Miracle Garden, c'est environ 150 millions de fleurs sur un espace de 72 000 m^2. Le légendaire Mickey culmine à plus de 18 m et règne en maître bienveillant sur une flore bigarrée (parfois kitsch) et des compositions surprenantes telles qu'un A380 ou un château de conte de fées.

Al Barsha South 3, Dubai Land • M° Mall of the Emirates, puis prendre le bus 105 (5 Dhs-20 min) • ☎04 422 8902 • www.dubaimiraclegarden.com • Ouvert nov.-mai ; lun.-ven 9h-21h, sam.-dim 9h-23h • Entrée : 55 Dhs, enfants (2-12 ans) : 40 Dhs.

Pause arborée : The London Project

Commençons par la situation, au pied de Ain Dubai et le long de la promenade du bord de mer, avec vue sur JBR. Puis la façade aguicheuse brodée de fleurs et l'intérieur inspiré d'un arbre vivant, tapissé d'une jungle mystérieuse. Chavirez pour les frites à la truffe, corsées juste ce qu'il faut (48 Dhs) et les mocktails (55 Dhs) servis dans des verres en forme de cœur ou de perroquet. Ambiance familiale la journée et animée en soirée.

60 ***Bluwaters Island, accès piéton par le Bluewaters Pedestrian Bridge, au sud de JBR; en voiture par la Sheikh Zayed Road, sortie 31; en ferry, ligne FR1 : Bluewaters Station • ☎054 306 1822 • thelondonproject.com • T.l.j. 12h-minuit • Licence d'alcool • Résa conseillée.***

Restos Bistrots

Mythos Kouzina & Grill

Grec 61 Plan B5

Si vous passez par JLT, ce quartier d'affaires qui monte de l'autre côté de la Sheikh Zayed Road et de la Marina, ne ratez pas ce petit coin de mer Égée qui offre une cuisine grecque authentique. Demandez à vous asseoir près de l'olivier sur la terrasse, avec sa vue sur la *skyline*. Puis tentez de prononcer *tyrokafteri* ou *galaktobourekakia* et laissez-vous emporter par les plats aux couleurs du soleil. Bon rapport qualité-prix.

Armada Blue Bay Hotel Cluster P, B1 level, Jumeirah Lake Towers • M° Sobha Reality • ☎ 04 399 8166 • www.mythoskouzina.com • Lun.-ven. 12h30-16h et 18h-00h15, sam.-dim. 12h30-17h et 18h-00h15 • Mezedes (mezze) : 26-36 Dhs, Kouzina 60-131 Dhs • Licence d'alcool.

Indego by Vineet

Indien 62 Plan B5

L'un des meilleurs restaurants indiens de la ville ! Laissez-vous guider par le chef étoilé Vineet Bhatia. Le haut lieu très chic de la gastronomie indienne est apprécié pour son mélange harmonieux de cuisine contemporaine et de mets aux mille épices traditionnelles. On y dîne entouré de statues de bronze, de vasques d'eau où flottent des pétales de rose. Le plus, la terrasse surplombant le canal.

Grosvenor House Dubai, Al Emreef Street, Dubai Marina • M° Sobha Realty • ☎ 04 317 6000 • www.indegobyvineet.com • T.l.j. 19h-23h30 • Plats : 85-350 Dhs • Résa conseillée • Licence d'alcool.

Toro Toro

Argentin 63 Plan B5

Dans un environnement chic et tribal, embarquez pour les saveurs de l'Amérique du Sud avec une carte créée par le chef mexicain Richard Sandoval, qui développe son savoir-faire dans les métropoles les plus en vues. Le lieu s'étend sur plus de deux étages avec une cuisine ouverte. Dans les assiettes, un mélange créatif de plats contemporains d'inspiration latine. Ambiance plus *caliente* au bar dès 20h avec DJ, sauf le dimanche.

Grosvenor House Tower Two Dubai, Al Emreef Street, Dubai Marina • M° Sobha Reality • ☎ 04 317 6000 • www.torotoro-dubai.com • T.l.j. 19h-1h (brunch sam. 13h-16h)• Entrée : 55-180 Dhs; grill : 140-460 Dhs• Licence d'alcool • Résa conseillée.

Fish Beach Taverna

Méditerranéen 64 Plan B5

Dépaysant, ce restaurant bleu cobalt les pieds dans l'eau, façon

Mythos Kouzina & Grill

taverne de pêcheur grecque en plus sophistiqué, maîtrise l'art de la mise en scène. Plaisir des yeux oui, mais aussi du palais. La carte imprègne ses plats des couleurs de la Grèce et de la Turquie. Fumets de poissons grillés, ail, citron, herbes fraîches et fromage de chèvre emportent les papilles. Seul bémol, les prix qui s'envolent sur l'étal de pêche.

Le Méridien Mina Seyahi Beach Resort & Waterpark, King Salman Bin Abdulaziz Al Saud Street • M°Al Khail • ☎ 04 511 7373 • www.fish-dubai.com • T.l.j. déjeuner : 12h-16h, sunset drinks : 16h-18h (apéro), dîner : 18h-23h • Entrée : env. 43 Dhs; casserole : 115 (végétarien)-175 Dhs • Licence d'alcool • Résa conseillée.

Bussola

Italien

65 Plan B5

Ce restaurant italien connu de longue date propose trois niveaux de découverte dans un édifice tout en baies vitrées. À l'étage, c'est la pizzeria ; au rez-de-chaussée, une carte traditionnelle et au rez-de-jardin, un lounge en bord de piscine réservé aux plus de 21 ans pour déguster des poissons et des plats ensoleillés. Tout cela dans une ambiance de vacances décontractée. Budget solide à prévoir.

Westin Dubai Mina Seyahi, Dubai Marina, King Salman Bin Abdulaziz Al Saud Street • M°Nakheel • ☎ 04 511 7373 • www.bussoladubai.com • Lun.-ven. 18h-23h30, sam., dim. 12h-23h30 • Pizza à partir de 82 Dhs • Licence d'alcool.

Din Tai Fung

Taïwanais 66 Plan C4

Armez-vous de patience… et du biper que l'on vous confie soigneusement pour vous expliquer qu'il y a une petite heure d'attente… Votre tour arrivé, place aux *xiaolongbao*, *dumplings* (bouchées vapeur), et *chow mein* de l'enseigne taïwanaise étoilée aux multiples succursales. Un assaut des papilles mais pas du porte-monnaie ! Évitez celui de Dubai Mall, une caisse de résonance.

Mall of the Emirates, level 2, Al Barsha 1 • M° Mall of the Emirates • ☏04 265 1288 • Instagram : @dintaifungae • T.l.j. 11h-23h • Plats : 20-60 Dhs • Autres adresses : Dubai Mall et Nakheel Mall.

Bombay Bungalow

Bombay Bungalow

Indien 67 Plan A5

Réminiscence des bungalows historiques de Bombay, le décor somptueusement nostalgique crée un sentiment d'être « chez soi, loin de chez soi ». Un lieu de détente dépaysant, en bord de plage, qui ajoute une touche créative à la cuisine indienne traditionnelle, en fusionnant des recettes classiques avec des ingrédients plus répandus. Le chef souhaite que le meilleur de l'Inde soit accessible à tous.

The Beach, Unit 2301, JBR • M° DMCC • ☏800 6928 779 • www.bombaybungalowdxb.com • T.l.j. 12h-minuit • Burrata Butter Chicken : 85 Dhs.

Karam Beirut

Libanais 68 Plan C4

Dissimulé en bout de mall, après la *food court*, voici l'opportunité de dominer le départ de piste de Ski Dubai sans enfiler l'attirail de glisse. Un attrape-nigaud vous pensez ? Pourtant derrière ce cadre incongru et la grande salle au magnétisme limité, il y a une véritable cuisine copieuse et authentique, comme celle que l'on savoure en terroir libanais. Demandez une table près des baies vitrées quitte à patienter un peu.

Mall of the Emirates, level 1, Sheikh Zayed Road, Al Barsha 1 • M° Mall of the Emirates • ☏04 341 2202 • Instagram : @karambeirutuae • T.l.j. 11h-23h • Plat : 20-60 Dhs • Licence d'alcool • Résa conseillée.

Chef Vincs

Supper Club

69 Plan B5

À mi-chemin entre le *social club* et le dîner des grands soirs, le *supper club* (en résumé un super souper !) est une expérience culinaire hors des sentiers battus. Ici c'est le chef français Vincent Caudet (et sa compagne) qui vous reçoivent chez eux, initiés notamment par Jean-Marie Gautier, Meilleur Ouvrier de France. Fusion, français ou créole, voici le choix des réjouissances principales agrémentées selon les saisons d'autres menus. Insolite !

The Links West Tower, The Greens • 056 267 3459 • Instagram : @chefvincs • 19h30, sur r.-v. uniquement (WhatsApp ou sur https://www.breakbread.com/host/502-vincent-caudet) • Menus : 350-400 Dhs/pers. (cocktail de bienvenue compris) • Âge : plus de 10 ans ; minimum 4 pers. • Paiement à l'avance, remboursement possible si annulation avant 48h.

Bars, clubs Sorties

Zero Gravity

Beach bar

36 Plan A5

Tout sauf tranquille, ce joli complexe installé sur une plage privée avec piscine en verre et DJ offre diverses options pour faire la fête sous un soleil de plomb ou comme un oiseau de nuit. Vous pouvez prendre un pass à la journée, qui vous donne accès à la plage et à la piscine avec un bon à consommer de 100 Dhs (selon les jours) ou venir profiter des réjouissances plus tard dans la nuit.

Skydive Dubai Drop Zone, Al Seyahi Street, Dubai Marina • M° Sobha Realty • 04 399 0009 • http://0-gravity.ae • Club : ven. 10h-2h, t.l.autres j. sf mer. 10h-21h, Beach & pool access jusqu'au crépuscule : horaires variables • Entrée pass single : 150 Dhs, 250 Dhs le w.-e; accès gratuit pour les femmes lun., mar. et jeu • Âge minimum 21 ans.

Barasti

Beach club

37 Plan B5

C'est l'un des *beach clubs* les plus populaires de la ville. On y danse pieds nus dans le sable avec un choix de trois bars sur deux niveaux. L'animation est assurée tous les jours et tous les soirs (concerts, DJ, performances). Pensez à vérifier le calendrier pour voir ce qu'il s'y passe lors de votre visite.

Le Méridien Mina Seyahi Beach Resort & Waterpark, King Salman Bin Abdulaziz Al Saud Street • M°Al Khail • 04 318 1313 • www.barastibeach.com • Dim.-jeu. 9h-2h, ven.-sam. 9h-3h • Cocktail : 48 Dhs; verre de vin : 45 Dhs; bière : 42-55 Dhs.

Buddha-Bar

Bar-restaurant

38 Plan B5

Le célèbre Buddha Bar s'est implanté en plein cœur de ce quartier jeune et prisé. Ce lieu à part abrite un restaurant et un bar servant une belle sélection de spiritueux. Sans surprise, il est aux couleurs de l'empire céleste, avec une dominante rouge et une large baie vitrée captivante tournée vers la marina. Attablez-vous au comptoir, dans les microsalons feutrés et intimes, ou un peu plus tard, montez à l'étage pour y danser.

Grosvenor House, Al Emreef Street, Dubai Marina • M° Sobha Realty • ☎ 04 437 6000 • www.buddhabar-dubai.com • Dim.-ven. 19h-1h, sam. 20h-2h; Brunch sam. : 13h30-16h30; DJ sets et performances : à partir de 20h Ladies Night *: lun. 19h-22h • Cocktails : 68-85 Dhs; bière : 50 Dhs • Résa conseillée • Tenue correcte exigée.*

Siddharta Lounge by Buddha-Bar

Bar 39 Plan B5

Le cadet du Buddha-Bar (ci-dessus, situé juste en face) est le repaire chic de nombreux expatriés. Un ascenseur arrive directement sur le toit-terrasse du bar avec vue imprenable sur la Cayan Tower et une piscine d'un côté, et les berges du canal de l'autre. Cadre sublime et élégant, avec une ambiance lounge contemporaine. On s'assied au choix sur des tables classiques ou hautes, des marches recouvertes de coussins ou des divans moelleux en sirotant des cocktails signature qui font la réputation du lieu.

Grosvenor House, Al Emreef Street, Dubai Marina • M°Sobha Realty • ☎ 04 317 6000 • www.siddhartalounge.com • Dim.-jeu. 17h-minuit, ven. 17h-1h, sam. 19h-1h; Ladies Night «go girl» t.l.mer. • Cocktails : 68-80 Dhs; bière : 55-60 Dhs • DJ en résidence • Résa conseillée • Tenue correcte exigée.

Pure Sky Lounge and Dining

Bar lounge 40 Plan A5

Entre chien et loup, hissez-vous jusqu'au 35e étage des résidences Hilton et laissez-vous glisser sur l'une des banquettes de ce lieu aux blancs purs et touches de cyan. À l'horizon, le tableau en clair-obscur des îles artificielles nargue les rives de JBR. Sous vos yeux, une margarita aux contours salés et un bar fluorescent sur une musique lounge évidemment !

Hilton Dubai, level 35, The Walk, JBR • M°Sobha Realty • ☎ 04 318 2319 • https ://www.hilton.com/en/hotels/dxbbrhi-hilton-dubai-the-walk/dining/ • T.l.j. 17h-2h; happy hour : lun.-ven. 19h-21h; Barbee Ladies Night *: mer. 21h-minuit • Bière à partir de 42 Dhs; cocktails signatures : 65 Dhs • Résa conseillée • Tenue correcte exigée.*

Wane by Somiya

Pool club et lounge 41 Plan A5

C'est l'un des meilleurs spots en extérieur pour admirer la marina et ses hautes tours. Il donne sur une immense piscine à débordement et son sculptural tigre grandeur nature, une œuvre à forme polygonale de l'artiste franco-tunisien Idriss B. Chaises longues, cabana, canapés et tables, il y en a pour toutes les envies et à toutes les heures. Forcément le soir, c'est avec une vue *wow* !

Address Dubai Marina Hotel, level 4, Al Marsa Street • M° DMCC ou Sobha Realty • ☎ 04 564 7436 et ☎ 052 884 4879 (WhatsApp) • http://wanebysomiyadubai.com • T.l.j. 8h-4h

• Cocktails signatures : 65-75 Dhs ; Pitchers à partager : 325 Dhs • Résa conseillée.

Lock Stock and Barrel

Bar-concerts 42 Plan B5

Ce bar branché de JBR au style industriel vous entraîne sur les docks d'une métropole nocturne. Containers, passerelles d'usine, murs de briques et banquettes en cuir version Taxi Driver, c'est un festival de street art bien huilé pour venir faire le plein de musique. Pour les divertissements, tables de billard, groupes *live unplugged* et une atmosphère électrique de *bad boys* assagis. Voir la programmation en ligne.

Rixos Premium Dubai Hotel, JBR The Walk • M° DMCC ou Sobha Realty • 04 423 8307 • https://lsbdubai.com • Lun.-ven. 16h-13h, ven. 13h-3h, dim. 14h-3h; happy hour : lun.-sam. 16h-20h, dim. 14h-20h; Ladies Night *: jeu. 20h-23h • Bière à partir de 35 Dhs; cocktail à partir de 65 Dhs • Âge : plus de 21 ans.*

The Jetty Lounge

Bar 43 Plan B5

Plébiscité pour assister au coucher du soleil les pieds dans le sable, le Jetty est situé dans le luxueux hôtel One & Only Royal Mirage et offre un bon mix entre détente et lieu hypertendance. On aime le fond musical lounge, le mobilier design et lumineux, et la jolie vue sur la mer. Attention, les places sont chères : premier arrivé, premier servi.

One & Only Royal Mirage Hotel, King Salman Bin Abdulaziz Al Saud Street • M° Al Khail • 04 399 9999 • www.oneandonlyresorts.com/royal-mirage/dining/the-jetty-lounge ou Instagram : @jettylounge • T.l.j. 15h-1h • Cocktail : 65 Dhs; bières : 48-50 Dhs • Résa conseillée • Tenue correcte exigée.

Asia Asia

Bar-restaurant 44 Plan A5

Asia Asia n'est pas un bar pour se trémousser toute une soirée, faire des rencontres ou refaire le monde. C'est juste un bel endroit seyant pour liquider la fatigue d'une journée (c'est parfois épuisant, les vacances !). Rouge passe-velours, cages suspendues, gong en bronze et compartiments feutrés, impeccable pour une mise en bouche apéritive avant d'aller se dévergonder ailleurs ou dîner sur place en terrasse.

Pier 7, level 6, Dubai Marina • M° DMCC ou Sobha Realty • 04 276 5900 • www.asia-

Asia Asia

asia.com • Lun. et mer.-jeu. 18h-1h, mar. et ven. 18h-2h, sam. 14h-2h, dim. 14h-1h • Verre de saké à partir de 60 Dhs, verre de vin : à partir de 50 Dhs.

Zeta 77

Rooftop bar et restaurant

45 Plan A5

En venant ici, vous vous offrez une caricature de la vie façon « Dubai style », celle qui en met plein la vue ! Pour l'environnement : piscine à débordement la plus haute du monde (accès réservé aux clients de l'hôtel), hauteur vertigineuse (77, c'est bien le nombre d'étages) et horizons infinis sur Ain Dubai, la Palm et les tours innombrables de JBR. L'endroit est chic, cher et épatant. À voir si vous préférez la version resto ou la version bar. DJ assuré du mercredi au dimanche.

Address Beach Resort, JBR The Walk • M° DMCC • ☎ 04 879 8866 • www.addresshotels.com • T.l.j. 12h-2h • Minimum de dépense par table de 4 : 700 Dhs 11h-17h ; 1 000 Dhs 18h-minuit ; Monday Temptation (plateau de snacks et boissons illimitées) : 377 Dhs (femme) ; 477 Dhs (homme) • Tenue casual chic exigée • Résa indispensable.

The Theatre

Centre culturel

46 Plan C4

Ce complexe dispose d'une salle de spectacle sur deux niveaux de 543 sièges, d'une salle d'exposition, d'espaces de répétitions et d'un centre d'art permettant l'organisation d'événements, de concerts, de pièces et de cours de théâtres, des conférences, des ateliers… Voir la programmation en ligne, avec parfois des spectacles en français.

Mall of the Emirates, level 2, Sheikh Zayed Road, Al Barsha 1 • M° Mall of the Emirates • ☎ 04 299 2282 • https://artforall.ae • Instagram : @artforalluae • T.l.j. 10h-minuit (horaires variables selon événements).

Hôtels B&B

Sofitel Jumeirah Beach

Hôtel de luxe

Hôtel de standing situé en face de Ain Dubai et le long de la promenade The Walk, bordée de restaurants et de magasins. Les chambres sont lumineuses avec vue sur la mer. Service attentionné.

Jumeirah Beach Residence, The Walk • M° DMCC • ☎ 04 448 4848 • https://all.accor.com • Entre 445 et 4 600 Dhs.

Habtoor Grand Resort & Spa

Hôtel pour les familles

Une adresse à privilégier en famille avec son immense piscine et ses toboggans. Accès direct à la plage, spa, choix de restaurants et 2 clubs.

Al Falea Street • M° DMCC Properties • ☎ 04 399 5000 • www.marriott.com • Entre 480 et 2 280 Dhs.

Novotel Dubai Al Barsha

Hôtel design

Situé à côté du métro Mashreq et à quelques minutes à pied du Mall of the Emirates, cet hôtel propose 465 chambres, 5 restaurants et bars, l'incontournable piscine… mais attention, pas la mer.

Sheikh Zayed Road, Al Barsha 1 • M° Mashreq • ☎ 04 304 9000 • https://all.accor.com • Entre 254 et 1104 Dhs.

Shopping Cadeaux

Mumuso

Accessoires 34 Plan A5

Sous ses airs de bazar mignon d'accessoires manga et pop de culture coréenne, Mumuso, dont le siège est pourtant situé à Shangaï, est comme un doudou géant du marketing qui compte bien croquer la planète entière avec ses multiples succursales. Attention au *big brother* de bibelots irrésistibles et de cosmétiques au parfum de fraises ! Passez donc un orteil et vous en ressortirez dans un état de béatitude régressive et doté de chaussons peluches…

Bluewaters Island, the Boardwalk A24, accès piéton par le Bluewaters Pedestrian Bridge, au sud de JBR ; en voiture par la Sheikh Zayed Road, sortie 31 ; en ferry : ligne FR1 : Bluewaters Station • ☎ 04 235 7055 • www.mumuso.ae • Lun.-jeu. 10h-minuit, ven.-dim. 10h-1h • À partir de 5 Dhs.

Typo

Papeterie-gadgets 35 Plan A5

Avec une dizaine de magasins ouverts aux Émirats, difficile de rater cette enseigne de papeterie fun dans laquelle votre liste d'idées cadeaux à rapporter trouvera quelques lignes à rayer. Rien de typiquement émirien mais de l'humour « so British » placardé sur des cahiers, crayons, *tote bag* mais aussi des balles

La place de l'oud

L'oud*, extrait de la résine de bois d'Agar, est très apprécié pour sa senteur boisée, capiteuse et complexe. Il est utilisé en huile *(dehn al oud)* ou en cristaux *(mubakhar oud)*. Il peut s'appliquer directement sur la peau lorsqu'il est mélangé à un autre extrait de parfum naturel (rose, fleur d'oranger, etc.), ce qui le rend plus subtil à l'odorat. Les Émiriens l'utilisent sous forme d'encens, brûlé à même le charbon dans un grand brûle-parfum. Sa fumée est censée assainir l'air des mauvais esprits *(djinns)* et des odeurs désagréables. En vente dans les souks, les malls et même sur la plage.

***À ne pas confondre avec le luth arabe qui est un homonyme.**

Taif Al Emarat 36 : The Beach, JBR (A5) • M° DMCC • ☎ 050 633 3279 • https://taifalemarat.com/en • T.l.j. 15h-minuit.

squishy (antistress), des bougies pop ou des gourdes d'eau XXL. Impossible de résister même si ce n'est pas toujours donné.

Bluewaters Island, the Boardwalk A65, accès piéton par le Bluewaters Pedestrian Bridge, au sud de JBR ; en voiture par la Sheikh Zayed Road, sortie 31 ; en ferry, ligne FR1 : Bluewaters Station • ✆ 04 587 6907 • Instagram : @typo_middleeast • Lun.-jeu. 10h-22h, ven.-dim. 10h-minuit • À partir de 10 Dhs.

Activités Détente

XLine

Tyrolienne

Soyez prévenu, il y a environ quatre abandons par jour ! Si vous avez le cœur bien accroché et que vous aimez repousser vos limites à l'extrême, alors l'expérience est pour vous. Élancez-vous sur la XLine, la plus longue tyrolienne urbaine au monde. Une glissade de 1 km à 80 km, à faire seul ou en tandem avec un départ à 170 m de haut. Caméra vissée sur le casque, vous repartirez avec une vidéo souvenir de votre exploit.

Point de r.-d.-v. : Dubai Marina Mall, Al Marsa Street • M° DMCC • ✆ 056 507 6366 • http://xdubai.com/xline • Jeu.-mar. 10h-17h • Entrée : 650 Dhs (à partir de 12 ans).

Skydive

Saut en parachute

Ce site a accueilli le championnat du monde de parachutisme à plusieurs reprises. Amateurs de voltige et d'adrénaline, offrez-vous un saut en parachute en tandem à 4000 m d'altitude. Deux possibilités : un vol au-dessus de la Palm Jumeirah ou au-dessus du désert. Votre harnais est attaché à l'instructeur, qui s'occupera de tout pendant que vous profiterez de l'expérience et de l'excitation. À couper le souffle !

Accès à la fin de Al Sufouh Road, à droite juste avant le Habtoor Grand Hotel • ✆ 04 377 8888 • www.skydivedubai.ae • Palm Dropzone : Al Seyahi Street, Mina Seyahi, Dubai • T.l.j. 8h-18h • 2299 Dhs.

Desert Dropzone : sur la E66 (Dubai-Al Ain Road), près de Margham • Jeu.-lun. 8h-17h • 1799 Dhs.

Topgolf Dubai

Practice de golf

Le principe, un terrain de practice sur trois niveaux où chacun peut réserver sa loge pour taper sa balle tout en sirotant un cocktail sur fond de musique pop. Les stressés du boulot et les ados viennent s'y défouler, mais aussi tous ceux qui rêvent de se mettre au golf sans la lourdeur de l'étiquette à respecter, ni les frais exorbitants et les longues heures de cours en perspective. Un peu de sport oui, mais pas trop !

Emirates Golf Club • M° Al Khail • ✆ 04 371 9999 • https://topgolfdubai.ae • Lun.-jeu. 10h-1h, ven. 10h-2h, sam. 9h-2h, dim. 9h-1h • Entrée : 1 bay (jusqu'à 6 pers./bay) de 130 à 220 Dhs/h, +20 Dhs/pers. la première fois, balles illimitées ; coupe-file en ligne : +210 Dhs • Licence d'alcool.

NOS MEILLEURS LIEUX POUR FAIRE LA FÊTE

Lieux nocturnes enchanteurs, pistes de danse en terrasse et plages endiablées, Dubaï attire tous les papillons de nuit, même de jour… Voici ses incontournables.

Dubai Marina, quartier propice aux sorties

Zero Gravity

Un tour de cadran en musique avec piscine en verre, bains de soleil et vue sur la *skyline*.

Voir p. 129, Dubai Marina et JBR.

Cielo Sky Lounge

Ambiance chic et choc, néons pop et décibels ascensionnels. Venez tutoyer les étoiles !

Voir p. 43, Deira.

The White

Plébiscité, ce club à ciel ouvert est le temple festif des fans de RnB.

Voir p. 158, Autour de Dubaï.

Soho Garden

Les caïds de la nuit sont de sortie, les dandys aussi, sortez vos plus beaux atours !

Voir p. 158, Autour de Dubaï.

Barasti

Presqu'un rituel ancestral pour les fêtards du coin, avec en été des *rain party* dans la piscine.

Voir p. 129, Dubai Marina et JBR.

The Penthouse

Une adresse à vue et en vue, à mettre en haut de la liste.

Voir p. 141, Palm Jumeirah.

PALM JUMEIRAH 9

C'est la première île créée de la main de l'homme qui soit visible depuis l'espace. Un défi architectural colossal suivi par d'autres projets ambitieux similaires tel que The World Islands. La péninsule artificielle en forme de palmier à seize branches ne se visite pas partout. Impossible, sans y être invité, d'accéder aux *fronds* (« feuilles ») hébergeant les villas, les pieds dans l'eau, de résidants fortunés. Vous apprécierez cependant les plages de sable fin de l'un des nombreux palaces, une balade à The Pointe et le panorama unique sur le littoral depuis sa tour d'observation The View.

The Lost Chambers Aquarium

1 Palm West Beach✦

Certains disent que c'est l'endroit idéal pour nager, manger et se détendre. Ouvert du petit déjeuner jusqu'à tard le soir, vous trouverez le long de cette plage aménagée un large choix de restaurants possédant un espace privé sur le sable, avec pour la plupart une formule lounge et chicha ou bain de soleil au bord de l'eau. Il y a aussi des activités sportives et parfois des concerts. Attention à votre budget, certains établissements exagèrent.

The Palm, West Trunk • Accès en Palm Monorail (station Al Ittihad Park) ou en taxi • 800 625 4335 • www.westbeach.ae • Lun.-ven. 8h-minuit, sam.-dim. 8h-3h • Tarifs et horaires variables selon les établissements • Licence d'alcool.

2 The View at The Palm✦✦

Cette récente construction, évasée en son sommet, permet de contempler la Palm depuis une perspective époustouflante combinant un angle total d'observation de 360 degrés. Pour vous y rendre, montez sur le toit-terrasse du Nakheel Mall, puis choisissez au choix le deck situé au 52e étage ou The Next Level. Cette dernière formule permet en plus d'accéder à la toiture technique de l'immeuble avec un escalier extérieur pour terminer l'ascension au 54e. Un café lumineux Boon est accessible pour tous, pour quelques instants supplémentaires de contemplation.

Accès à l'entrée de la tour par Nakheel Mall, rooftop Level 2 • Accès en Palm Monorail (station Nakheel Mall) ou en taxi • ✆800 843 8439 • www.theviewpalm.ae • Lun.-jeu. 9h-22h, ven.-dim. 9h-minuit • Entrée à partir de 100 Dhs ; Next Level à partir de 145 Dhs (tarifs variables selon les heures de visite).

3 Palm Monorail✦

Ouvert en 2009, ce rail unique a été créé pour faciliter le transfert des résidents et des touristes d'un bout à l'autre de la Palm, offrant un point de vue d'ensemble, sans oublier ses jolies villas au bord de l'eau. Une fois que l'on a trouvé son point de départ (assez mal indiqué), c'est un moyen pratique pour accéder directement à l'hôtel Atlantis. Il est relié au Dubai Tram, qui permet de rejoindre la marina et JBR.

11, King Salman Bin Abdulaziz Al Saud Street • Accès en taxi ou en tram, au départ de Palm Gateway • www.palmmonorail.com • T.l.j. 9h-22h; train toutes les 15 min • Billet aller : 10-20 Dhs; billet A/R : 15-30 Dhs (espèces uniquement).

4 Atlantis, The Palm✦✦

C'est le premier hôtel à avoir été construit sur l'île en 2008. Situé sur le haut du croissant, il se dresse telle la porte d'entrée d'une imposante citadelle. Nombreux sont les touristes qui s'y arrêtent pour profiter de ses multiples loisirs. Son architecture est inspirée du mythe de l'Atlantide, la fameuse île engloutie. Il est désormais secondé par Atlantis The Royal,

Pause balnéaire chez Ula

Vous recherchez un *daycation* (vacances à la journée) d'inspiration européenne sans dépenser le prix d'un vol vers la Méditerranée ? Ula est pour vous ! Pour 100 Dhs en semaine dont 50 Dhs de bon d'achat en consommations, vous accèderez à ce club *good vibes* incluant une piscine à débordement et des transats sur la plage privée. Le menu à forte influence grecque est excellent et l'addition est acceptable si vous savez rester modéré.

70 ***Hôtel Dukes, The Palm, West Trunk • Accès en Palm Monorail (station Nakheel Mall) ou en taxi • ✆04 566 3041 • https://uladubai.com • Pool & Beach Pass : t.l.j. 9h-19h • Tarif w.-e. : 200 Dhs dont 100 Dhs déduisibles en bon d'achat • Tzatziki : 45 Dhs ; pizzas : 60-120 Dhs • Licence d'alcool.***

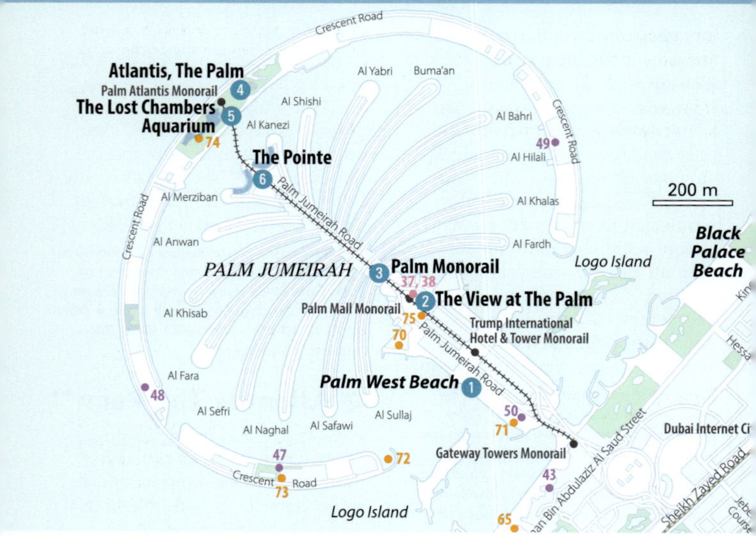

un nouveau *resort* contemporain mitoyen au look de Lego empilé.

Crescent Road • Accès en Palm Monorail ou en taxi • ☎ 04 426 2000 • www.atlantis.com • T.l.j. 24h/24 • Accès libre.

5 The Lost Chambers Aquarium⁺⁺

Imaginez-vous il y a des milliers d'années, perdu dans les profondeurs de la mer, entouré de 65000 animaux marins. Explorez les labyrinthes sous-marins et les tunnels de l'Atlantide, civilisation perdue, tout en croisant des requins, des anguilles, des raies, des hippocampes et des piranhas. Poursuivez l'aventure en coulisse pour 45 Dhs de plus et découvrez l'hôpital des poissons et la préparation de leurs repas.

The Avenues Atlantis, Crescent Road • Accès en Palm Monorail ou en taxi • ☎ 04 426 1040 • www.atlantis.com • T.l.j. 10h-21h • Entrée adulte à partir de 115 Dhs; enfant : 90 Dhs • Résa en ligne ou sur place.

6 The Pointe⁺⁺

Située à l'extrémité du tronc de la Palm, au bord de la baie, The Pointe est un complexe commercial au bord de l'eau, avec, à l'horizon, l'hôtel Atlantis comme spectateur bienveillant. Une balade de 1,5 km avec plus de 100 restaurants et points de vente pour toujours plus de shopping et de loisirs. Destination à privilégier en soirée pour son spectacle de fontaines tournoyantes qui ne rivalise cependant que maigrement avec celles de Downtown.

Al Mirziban Road Frond H, Frond I • Accès en taxi; station Palm Monorail en cours de chantier, transferts gratuits au départ de nombreux hôtels sur https://thepointe.ae/uploads/TP_BUS.pdf • ☏800 625 4335 • www.thepointe.ae/en • Lun.-ven. 10h-22h, sam.-dim. 10h-minuit • Horaires variables selon les commerçants.

Restos Bistrots

Praia Dubai

Méditerranéen 71 Plan B5

Restaurant et *beach club lounge* à l'atmosphère jet-set orientale, Praia est un joli reflet des tentations extrêmes de la ville. Artifices de rigueur, brochettes de filles en bikini... Mais pour un après-midi léger, un dîner clinquant et festif devant les feux illuminés de la rive, c'est le lieu, côté mer, pour paresser autour d'un plat de gambas grillées.

Five Palm Jumeirah Hotel; South West Trunk • Accès en taxi; station Palm Monorail Al Ittihad Park • ☏058 870 0708 • www.praiadubai.com • T.l.j. 11h-3h • Salade 60-85 Dhs, King Prawns: 150 Dhs • Âge : plus de 21 ans • Licence d'alcool.

101 Dining Lounge & Bar

Méditerranéen 72 Plan A5

Un bar-restaurant à l'architecture contemporaine posé sur pilotis, un lieu chic et prisé labellisé par le chef étoilé français Yannick Alléno. Réservez une table au restaurant, vous ferez la traversée gracieusement en bateau depuis le Jetty Lounge pour accoster sur le ponton du 101. Le luxe !

One & Only The Palm, West Crescent • Accès en taxi; par bateau, accès par le One & Only Royal Mirage (à préciser lors de la résa.) • ☏04 440 1030 • https://www.oneandonlyresorts.com/the-palm • T.l.j. 12h-1h • Menu bites (12h30-1h) 45-90 Dhs; à la carte : 75-295 Dhs • Licence d'alcool.

Atlantis, The Palm

Amala

Indien 73 Plan A5

Poussez la porte de ce somptueux palais sur les traces de l'Empire moghol, aux confins des steppes de l'Asie centrale. C'est l'une des meilleures tables pour découvrir les spécialités des différentes régions de l'Inde, du nord au sud. Vous pouvez opter pour une dégustation à la carte. Et pour un voyage culinaire riche et varié : Shahenshahi Thali Menu (150 Dhs/pers, min 4 pers.), 35 saveurs sur un seul plateau !

Hôtel Jumeirah Zabeel Saray, West Crescent • Accès en taxi • 04 453 0444 • www.jumeirah.com • Déj. sam.-dim. 13h-16h, dîner t.l.j 19h-23h30 • Licence d'alcool.

Nobu

Japonais 74 Plan A4

Lancé à New York par le chef Nobuyuki Matsuhisa, ce restaurant japonais de réputation mondiale mélange les styles avant-gardistes et sud-américains pour vous servir un dîner inoubliable. Goûtez le tartare de thon « toro » au caviar (115 Dhs), le ceviche de poissons (99 Dhs) ou encore les tacos au homard (60 Dhs la pièce). Préférez le bar à sushis si vous voulez alléger la note, et passez par le salon pour y déguster un saké.

The Avenues, Atlantis • Accès en taxi; station Palm Monorail Atlantis Aquaventure Waterpark • 04 426 2626 • www.noburestaurants.com • T.l.j. 18h-23h (sam. brunch 12h-15h) • Licence d'alcool • Âge : plus de 10 ans • Résa conseillée • Tenue correcte exigée.

Sushisamba

Sushisamba

Fusion 75 Plan A4

Il fallait y penser, réunir autour d'une table la culture du Japon, du Brésil et du Pérou ! En secouant bien le tout, vous obtenez Sushisamba, le restaurant aux saveurs fusions où tout le monde se presse. Le service est irréprochable et la rencontre des genres culinaires étonnante. Les empanadas de poulets (62 Dhs) sont aussi fondants que le filet de bœuf au foie gras (254 Dhs). Parsemez le tout d'une vue exceptionnelle sur le toit de la Palm.

St. Regis Hotel, level 51, The Palm Tower • Accès en Palm Monorail (station Nakheel Mall) ou en taxi • 04 278 4888 • www.sushisamba.com • Lun.-ven. 12h-15h et 18h-2h (3h ven.), sam. 13h-15h et 18h-3h, dim. 14h-15h et 18h-2h • Licence d'alcool • Tenue correcte exigée.

Bars, clubs Sorties

MusicHall

Dîner-spectacle 47 Plan A5

Un concept initié à Beyrouth par Michel Éléftériadès, un artiste et entrepreneur libanais. Cette scène *live* réunit en quelques actes courts des talents internationaux, très éclectiques. Une succession de performances scéniques multiculturelles d'environ dix minutes, explorant une large variété de styles musicaux. Il est nécessaire de réserver une table car c'est un dîner-spectacle. Une soirée pas trop guindée mais à budget.

Hôtel Jumeirah Zabeel Saray, West Crescent • Accès en taxi • 04 447 6646 et 050 174 6555 (WhatsApp) • www.themusichall.com • Ven.-sam. 21h-3h • Entrée : 450 Dhs/pers. minimum (repas + boissons) • Résa conseillée.

Sobe

Rooftop-Bar lounge 48 Plan A5

Situé à l'extrêmité du croissant ouest de la Palm Jumeirah, SoBe est une aire de jeu récréative pour fêtards dubaoïtes. Le toit-terrasse mélange les genres, entre terrain de basket urbain, culture latino et Miami *vibes*. Une pléthore de néons rose-violet enguirlande le tout, la vue à 360° s'acquitte du reste. Côté groove, ça manque juste encore un peu de densité pour aller se déhancher.

Hôtel W Dubai The Palm, West Crescent, • Accès en taxi • 04 245 5800 • www.sobedubai.com • Dim.-mar. 17h-2h, mer.-sam. 17h-3h • Apéritif : 45 Dhs; cocktail «pick your poison» : 55-65 Dhs • Résa conseillée • Tenue correcte exigée.

The Beach House

Bar-restaurant 49 Plan B4

Voici une belle adresse sur la Palm pour commencer la soirée en amoureux. Le lieu est avant tout un restaurant, mais il est ouvert à tous pour un simple verre, même si on n'est pas client de l'hôtel. Une pergola blanche abrite quelques divans et une marche vous sépare de la plage.

Commandez un cocktail à 75 Dhs Will you be my date ? ou Naked Island, comme si vous étiez le dernier résident terrien, et ne vous préoccupez plus de rien…

Anantara The Palm Hotel, East Crescent • Accès en taxi • ☏ 04 567 8304 • https://www.anantara.com/fr/palm-dubai • T.l.j. 11h-23h (happy hour 22h30-0h30) • Résa conseillée • Tenue correcte exigée.

The Penthouse

Rooftop lounge et night-club

50 Plan B5

De l'apéro tranquille au bord de l'eau à la fièvre torride d'une piste de danse endiablée, The Penthouse coche toutes les cases de la check-list pour soirée réussie. 1- la vue depuis le rooftop. 2- la programmation musicale en mode *lounge* ou *live.* 3- l'ambiance qui grimpe au rythme de la petite aiguille. Plus vous partez tard, plus vos habits seront froissés.

Five Palm Jumeirah Hotel ; South West Trunk • Accès en Palm Monorail (station Al Ittihad Park) ou en taxi • ☏ 052 900 4868 • https://thepenthouse.co • Dim.-mer. 16h-3h, jeu.-sam. 16h-4h • Verre de vin à partir de 70 Dhs ; cocktails : 82-92 Dhs • Âge : plus de 21 ans • Programmation différente t.l.j. voir en ligne.

Hôtels B&B

Anantara The Palm

Hôtel et appartements de luxe

Établissement réputé de l'île, avec des appartements, des chambres longeant de vastes piscines ou des

Palm Jumeirah vu du ciel

villas sur pilotis surplombant la mer. Splendide vue sur le littoral !

East Crescent Road, Palm Jumeirah (Plan B4) • Accès en Palm Monorail puis taxi • 04 567 8888 • www.anantara.com/fr/palm-dubai • Entre 640 et 3 145 Dhs.

Shopping Cadeaux

Rage

Skateboard et streetwear 37 Plan B4

Avis aux parents dont l'ado, s'il pouvait, se ferait greffer des roulettes sous les pieds. Si vous cherchez une idée cadeau capable de faire revenir un sourire derrière ces mèches rebelles, faites un tour dans cette petite boutique, à n'en pas douter un temple pour les connaisseurs, proposant toute la panoplie cool du parfait skateur.

Nakheel Mall, 1st floor • Accès en Palm Monorail (station Nakheel Mall) ou en taxi • 052 904 0027 • Instagram : @rageshopdxb • Lun.-ven. 10h-22h, sam.-dim. 10h-minuit.

Home For Less

Déstockage de marques 38 Plan B5

C'est un cousin de l'enseigne Brand For Less, un magasin de déstockage souvent bondé, spécialisé dans l'écoulement des invendus de grandes marques de prêt-à-porter. Le concept s'est depuis démultiplié vers d'autres secteurs comme les jouets ou la maison. Celui-ci est situé dans un mall tranquille, vous ne risquez donc pas d'être bousculé. Linge de maison, décoration, tout y passe avec de vraies bonnes affaires jusqu'à -75 %.

Nakheel Mall, ground floor • Accès en Palm Monorail (station Nakheel Mall) ou en taxi • 800 8333 et 04 878 6340 • https://www.brandsforless.com/en-ae/homes-for-less/ • T.l.j. 10h-22h.

Activités Détente

Anantara Spa

Spa

En matière de massage et d'hydrothérapie, tous les hôtels luxueux de la ville rivalisent d'imagination pour vous dorloter comme un bébé. Pour les puristes du rituel de l'Orient – le hammam –, rendez-vous à l'Anantara Spa, fameux pour s'initier à ce soin, qui trouve ses origines dans les thermes romains et symbolise depuis le raffinement de la beauté à l'orientale.

Anantara The Palm Hotel, East Crescent • Accès en taxi • 04 567 8888 • https://www.anantara.com/fr/palm-dubai/spa • T.l.j. 10h-22h • Formule Hammam Rituals : 500-830 Dhs, 45-90 min; Ladie's Wednesday Bliss : mer. 17h-22h; 3 soins, 399 Dhs.

Aquaventure Waterpark

Parc aquatique

Faites le plein d'adrénaline dans le plus grand parc aquatique du monde. Testez la Tower of Neptune pour une descente verticale dans un tube translucide au milieu des requins, ou les nombreuses autres attractions spectaculaires au nom à vous hérisser le poil : Blackout, Odyssey of Terror, Shockwave... Après toutes ces sensations, détendez-vous sur les nombreuses plages, entourées d'une végétation tropicale luxuriante.

Atlantis, Crescent Road • Accès en Palm Monorail ou en taxi • ☏ 04 426 2000 • www.atlantis.com • T.l.j. 9h45-18h30 • Entrée à partir de 299 Dhs (329 Dhs avec le pass aquarium) ; enfant 3-7 ans : 249 Dhs • Résa en ligne ou sur place.

White Beach

Baignade

Les habitués de l'Atlantis aiment venir dans ce beach club de standing ; ils s'y prélassent sur des canapés blancs et des lits au bord de l'eau, en sirotant des cocktails créatifs et colorés. C'est l'endroit idéal pour se détendre pendant la journée, parfaire son bronzage et attendre la tombée de la nuit pour voir la plage et la rive opposée s'illuminer.

Hôtel Atlantis, Crescent Road • Accès en Palm Monorail ou en taxi • ☏ 04 426 2000 et ☏ 04 426 2626 • www.atlantis.com • Plage t.l.j. 10h-20h, restaurant t.l.j. 12h-17h • Accès Pool & Beach : lun.-ven. 200 Dhs (dont 100 Dhs de consommation), sam.-dim. 300 Dhs (dont 150 Dhs de consommation) • Licence d'alcool • Âge : plus de 21 ans • Résa conseillée.

Aura Skypool Lounge

Rooftop pool

Avez-vous déjà nagé perché au cinquantième étage d'un immeuble, le tout sur un parcours à ciel ouvert formant une boucle de 360 degrés ? Non bien sûr, puisque ça n'existait pas jusqu'à présent ! Accordez-vous un moment de grâce en faisant quelques longueurs mémorables dans un environnement époustouflant. Tel un dieu ou une déesse de l'Olympe, vous pourrez surveiller depuis tout là-haut ce que le commun des mortels accomplit...

St. Regis Hotel, level 50, The Palm Tower • Accès en Palm Monorail (station Nakheel Mall) ou en taxi • ☏ 04 566 2121 et ☏ 058 525 2121 (WhatsApp) • https://auraskypool.com • T.l.j. 11h-minuit • Pass de 200 à 1 600 Dhs selon l'emplacement et la durée ; accès lounge uniquement à partir de 150 Dhs ; mer. yoga + breakfast : 280 Dhs • Licence d'alcool.

NOTRE TOP DES POOL & BEACH ACCESS

Si vous souhaitez vivre l'expérience d'une journée dans un resort de luxe ou un club d'exception, c'est bien aux Émirats qu'il faut tester cette ambiance « roi du pétrole ». Atmosphère tranquille ou frénétique selon le lieu : détendez-vous avec classe et mettez-vous sur votre 31, même si c'est en costume de bain.

Ula

Nikki Beach

Le beach-club, tout de blanc vêtu, se met en quatre pour vous offrir la belle vie.

Voir p. 88 Jumeirah 1, 2 et Satwa.

Look Up

L'une des plus belles adresses « à vue » en quelques longueurs de brasse et de bonheur.

Voir p. 89 Jumeirah 1, 2 et Satwa.

Ula

Le bon plan chic et chouette pour du bien-être à portée de bourse, une rareté à Dubaï.

Voir p. 137, Palm Jumeirah.

Kite Beach Center

Dans une hutte sur la plage, c'est le bivouac préféré des surfeurs.

Voir p. 160, Autour de Dubaï.

Aura Skypool Lounge

Sortez votre plus beau maillot et lorgnez sur les villas de milliardaires de la Palm.

Voir ci-contre, Palm Jumeirah.

Saadiyat Beach Club

En vacances toute l'année les résidents d'Abu Dhabi ? Vous aimerez leur club préféré !

Voir p. 175, Abu Dhabi.

DUBAÏ, INGÉNIEUX ET FUTURISTE

On entend dire que plus de 20 % des grues du globe se trouvent à Dubaï... ce qui ne serait pas étonnant dans ce chantier permanent. Dubaï mérite bien son titre de « ville des superlatifs » et vise toujours et encore plus de records... La cité a littéralement émergé des sables du désert. Plus de dix ans après la crise financière, l'État se lance de nouveau à la conquête des étoiles. La démesure de Dubaï n'attend plus que vous !

Cayan Tower

« Impossible n'est pas dubaïote »

Avant la construction des îles artificielles, qui aurait imaginé des œuvres aussi bravaches ? Certes, construire sur la mer n'est pas nouveau. Mais il n'y a que Dubaï pour ajouter des formes à la prouesse technique et construire des bâtiments si colossaux qu'on ne peut mesurer leur ampleur que par des vues satellite ! La ville s'est lancé un **défi architectural**. Les trois sheikhs successifs ont pensé et encouragé ce développement à l'appétit gargantuesque. À première vue, ce projet peut paraître hasardeux. Pourtant, cette folie des grandeurs fait partie de la **politique d'ouverture et de diversification** des activités du pays.

Et ce n'est pas fini !

The World Islands regroupent 300 îles artificielles en forme de carte du monde à 4,5 km du littoral. Les promoteurs du projet auraient vendu, dit-on, près de 70 % des îles. **The Heart of Europe** (thoe.com) propose notamment des villas flottantes en partie immergées (prix d'appel 10 millions de Dhs). À **Dubai Water Canal**, de nombreuses grues sont à l'œuvre, révélant au compte-gouttes un chantier babylonien dirigé par le cabinet d'architectes AE7 (ae7.com). Le secteur de **Dubai Creek Harbour**, proche du sanctuaire sauvage de Ras Al Khor, fait aussi toujours parler de lui ; même si depuis le confinement, le chantier de son attraction phare Dubai Creek Tower a été stoppé. Cette tour d'observation aurait dû dépasser le Burj Khalifa. Et si vous pensiez que Palm Jumeirah (achevée en 2006 par Jan De Nul et Van Oord) était unique en son genre, vérifiez dans Google Maps à quoi ressemble **Palm Jebel Ali**, vous aurez un aperçu des ambitions infinies…

Disciple de l'écologie ?

Dubaï met à rude épreuve l'environnement et agace souvent par ses excès et son profil consumériste. Les ÉAU, où siège l'Agence internationale pour les énergies renouvelables, s'engage maintenant **sur la voie de la transition climatique** (dst.dubaitourism.ae). Selon WWF, en 2006, Dubaï avait la plus grande empreinte carbone de la planète. Consciente de la nécessité de supplanter les énergies fossiles, elle souhaite, d'ici 2050, caracoler en tête des villes propres. Une **volonté de changement** qui se concrétise par plusieurs avancées, comme le recyclage de Dubai Expo 2020 (p. 63). **Sustainable City, un quartier écoresponsable,** retraite ses eaux et ses déchets (élu quartier où l'on vit le mieux sans voiture !). Les bornes d'accès pour les véhicules électriques et les fermes organiques fleurissent. Il existe aussi une **certification « green building »**, obligatoire pour tous les nouveaux bâtiments. S'il reste encore beaucoup à faire pour verdir durablement l'image de la métropole, il faudra assurément compter sur sa soif de première de la classe pour répondre aux enjeux internationaux. ■

Pourvu que ça dure…

Positionner les ÉAU dans une démarche durable est désormais une volonté nationale, voici quelques projets et réalisations remarquées : Al Damani DMV300, la première voiture électrique made in UAE ; Mohammed Bin Rashid Al Maktoum Solar Park et son centre d'innovations (www.mbrsic.ae/en) ; les trains capsules à grande vitesse Hyperloop, le transport écologique de l'avenir (virginhyperloop.com), ou encore la ville écolo de Masdar City (masdarcity.ae/en) et les initiatives d'Emirates Nature, l'agence locale WWF (www.emiratesnaturewwf.ae/en). Et depuis le 31 mai 2022, Abu Dhabi a mis en vigueur un *plastic ban* sur les sacs : les commerces doivent désormais proposer une alternative.

VISITER LES ENVIRONS DE DUBAÏ

Infos Covid-19

Abu Dhabi est très strict sur les modalités d'entrée et de déplacement. Si vous n'avez pas reçu les trois doses de vaccins *(fully vaccinated)*, un test PCR vous sera demandé toutes les 48h, soit sur présentation d'un document imprimé, soit en téléchargeant l'application Alhosn, vous donnant un statut « green » et un QR code qui sera scanné dans chaque lieu public, hôtel y compris. Pour s'informer sur la situation en cours, https://visitabudhabi.ae/en/plan-your-trip/covid-safe-travel

À SAVOIR

Visiter les environs

Il existe **six autres Émirats :** Abu Dhabi, Sharjah, Ajman, Umm Al Quwain, Ras Al Khaimah et Fujairah. Nous avons découpé les visites suivantes par centres d'intérêts : ville ; désert ; montagne ; mer. Les environs de Dubaï ainsi que les autres régions sont **facilement accessibles,** les routes étant très fiables et parfaitement entretenues. Il n'existe pas de postes frontières entre les sept Émirats, vous passerez donc de l'un à l'autre sans même vous en apercevoir.

Se déplacer

Quelques rares lignes de bus intercités existent ; néanmoins, ces transports restent localisés à des points de départ et d'arrivée souvent excentrés. Pour plus de facilité, nous vous conseillons de **louer une voiture.** La plupart des permis européens sont acceptés. Voir p. 184.

Gratuité

Quelques musées et monuments gratuits :

- Abu Dhabi : Sheikh Zayed Grand Mosque, Founder's Memorial, Manarat Al Saadiyat.
- Ailleurs : Sharjah Art Foundation, Al Jahili Fort, Al Ain Palace Museum.

Formalités

Aucune formalité n'est à prévoir d'un émirat à l'autre, sauf si vous souhaitez pousser l'aventure vers le Sultanat d'Oman (pays étranger) et ses régions préservées du Musandam, à seulement 2-3 heures de route de Dubaï. Quelle que soit votre destination, munissez-vous toujours de votre **passeport**, il vous sera réclamé dans les hôtels et les chambres d'hôtes.

Conseils

Dans le **désert** et les **montagnes**, les nuits sont froides en hiver et chaudes en été, portez des vêtements adaptés et prévoyez un ravitaillement. **Ne vous aventurez jamais seul en dehors des routes balisées.** Dans les villes, vous pouvez réserver vos billets d'entrées à l'avance pour les sites populaires comme Le Louvre ou la Grande Mosquée. Pour plus de renseignements sur les modalités d'excursions, voir **Organiser Son Week-end** p. 182.

EXCURSIONS AUTOUR DE DUBAÏ

10

Le week-end, de nombreux résidents s'évadent vers les montagnes, le désert et même jusqu'à l'océan Indien, à l'est du territoire. Si la durée de votre séjour vous le permet, lancez-vous à la découverte des émirats voisins : Sharjah et son quartier du patrimoine, Umm Al Quwain et ses plages décontractées, le mont Jebel Hafeet à Al Ain et les pics escarpés d'Hatta. Les plus aventureux pourront visiter les oueds *(wadis)* ou dévaler les dunes vertigineuses de l'impressionnant désert de Liwa. Pour une sortie inédite, explorez les mystères d'un village abandonné, The Ghost City.

Al Madam Ghost City

Sharjah

Accès : en taxi (à env. 1h du centre de Dubaï). Plusieurs trajets possibles en bus. Trajets et horaires sur www.rta.ae/wps/portal/rta/ae/public-transport/journeyplanner. Trajet A/R : 20-25 Dhs env.

1 Sharjah Art Foundation✦✦✦

Cette fondation pour l'art, réputée pour sa biennale (les prochaines en 2023 et 2025), se situe au cœur de la zone historique d'art et du patrimoine de Sharjah, qui accueille de nombreux musées (Sharjah Art Museum, Sharjah Museum of Islamic Civilization… Rens. sur www.sharjahmuseums.ae). Elle propose des événements tout au long de l'année. Expositions, concerts, projections de films, ateliers éducatifs et conférences, la programmation est brillante. La Fondation abrite aussi une œuvre permanente immersive magistrale près du parc Al

Majarrah : **The Rain Room.** Dans cette installation du collectif londonien Random International, des précipitations perpétuelles s'interrompent à chaque fois que quelqu'un se déplace dans l'espace. Les visiteurs sont ainsi à la fois exposés et protégés de la pluie continue (ça mouille quand même un peu). À voir absolument !

Al Mureijah Square et Al Shuwaiheen Art Area • ☎ 06 544 4113 ou 06 548 1381 • www.sharjahart.org • Sam.-jeu. 9h-21h, ven. 16h-21h • Accès libre.

Rain Room : *☎ 06 561 0095 • Sam-jeu 9h-21h, ven. 16h-23h • Entrée : 25 Dhs.*

2 Souk Al Arsah⁺⁺

Ouvert en 1955, c'est l'un des plus vieux souks des Émirats arabes unis. Bois de santal, feuilles de palmier et tours à vent vous transporteront dans le passé. Arrêtez-vous pour boire un thé noir Sulaimani dans son café central traditionnel ou mangez quelques dattes au cœur fondant dans les Halwa shops, les confiseurs locaux. L'endroit idéal pour rapporter quelques souvenirs typiques : encens, épices, khanjar (poignard recourbé).

Al Mareija, Sharjah Creek; à côté de Corniche Street • ☎ 800 80 000 ou 06 511 2555 • www.heartofsharjah.ae • T.l.j. 9h-13h et 17h-20h • Nombreuses échoppes fermées à l'heure du déjeuner.

Al Ain

Accès : En voiture, prendre la E66 jusqu'au cœur d'Al Ain. Compter env. 1h30 de trajet. Bus E201. Départ Al Ghubaiba Bus Station, arrivée Al Ain Central Bus Station.

3 Jebel Hafeet⁺⁺

Abritant une faune et une flore protégée, cette montagne aux nombreuses grottes (la deuxième plus haute des ÉAU, 1 249 m) est un lieu prisé pour les randonnées et les pique-niques. Elle se trouve sur la frontière avec Oman et offre une vue imprenable sur Al

Pause contemplative chez Mikoko

À seulement une heure de route de Dubaï, Mikoko est un véritable ovni. Après le passage d'un check point (pas de frais de péage pour les clients), une piste sableuse vous mènera directement jusqu'à ce restaurant doté d'une vue exceptionnelle sur la mangrove, où un ponton aménagé vous permet d'approcher le rivage. Ne soyez pas trop pointilleux sur la nourriture ou contentez-vous d'une boisson fraîche, vous êtes tout de même au milieu de nulle part ! Location de kayak à l'heure (payante) et baignade (gratuite) sur la plage mitoyenne.

76 *Mangrove Beach, Khor Al Yeefrah, Umm Al Quwain • ☎ 052 729 3060 • Instagram : @mikoko.uaq • Lun.-ven. 16h-1h, sam.-dim. 8h-minuit • Péage d'accès : 20 Dhs (sf si dépense de 40 Dhs sur place) • Pizza à partir de 40 Dhs ; jus frais à partir de 20 Dhs • Kayak simple : 75 Dhs/h ; Kayak double : 100 Dhs/h • Résa obligatoire.*

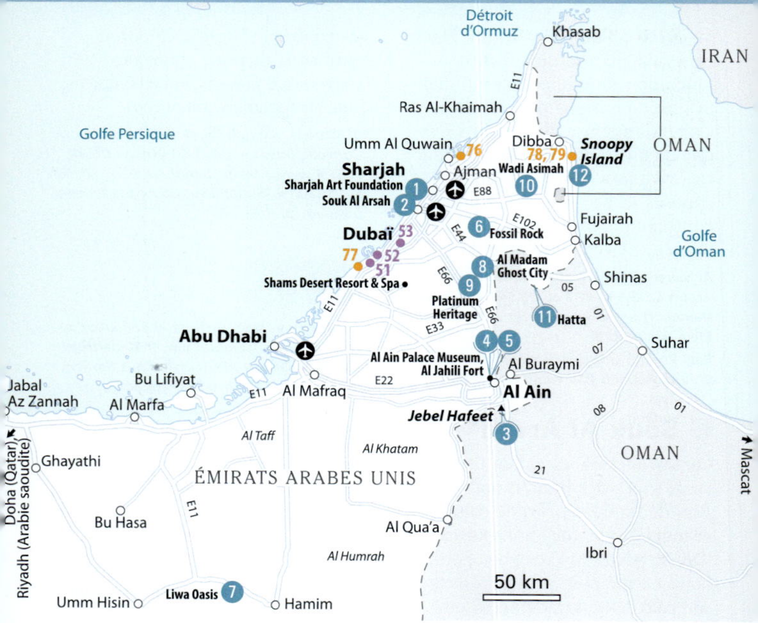

Ain. Le Jebel Hafeet est un repère bien connu dans l'histoire de la région, puisqu'on y a découvert des fossiles et des coraux calcifiés montrant que la zone était autrefois recouverte par la mer.

Depuis Dubaï prendre l'E66 puis accès par une route en lacet au sud de la ville, depuis l'E40 ou l'E95 au pied du Jebel Hafeet Park • www.explorealain.com.

4 Al Ain Palace Museum✦

Le musée est installé dans le palais de l'ancien président des ÉAU, le sheikh Zayed bin Sultan Al Nahyan, qui fut au pouvoir de 1971 à 2004 et vécut ici avec sa famille. Construit en 1937, le palais fut transformé en musée en 2001. Il abrite une importante collection de documents sur la famille régnante, une galerie de photos qui retrace la vie du sheikh et présente un grand nombre de pièces du palais.

Al Jahili Area, 3337 Hessa Bint Mohammed Street-Al Ain Street • ☏03 711 8388 • https://abudhabiculture.ae/en/experience/historic-landmarks/al-jahili-fort • Mar.-jeu. et sam.-dim. 8h30-19h30, ven. 15h-19h30 • Accès libre.

5 Al Jahili Fort✦✦

Situé dans de magnifiques jardins paysagers, le pittoresque Al Jahili Fort a été érigé en 1891 pour défendre la ville et protéger ses précieuses palmeraies. Aujourd'hui, il présente une exposition permanente consacrée à l'aventurier britannique sir Wilfred Thesiger, écrivain et photographe qui traversa deux fois l'Empty Quarter (désert de Rub al-Khali) dans les années 1940 et que les habitants appellent affectueusement « Moubarak Ben de Londres ».

Al Jahili Area, Mohammed Bin Khalifa Al Nahyan Street• ✆03 711 8311 • www.visitabudhabi.ae • T.l.j. 9h-19h • Accès libre.

Côté désert

Pour préparer une excursion, voir le Carnet pratique p. 192.

6 Fossil Rock✦✦

Cette excursion est prisée des résidents pour s'initier à la conduite sur le sable et profiter d'un pique-nique à la beauté crépusculaire. Fossil Rock est un pic rocailleux entouré d'un désert aux nuances de rouge-orangé, non loin des célèbres dunes nommées « Big Red ». Une ferme de dromadaires se situe à proximité, pour les enfants c'est toujours une sortie réussie.

Accès par la route E102 Sharjah Kalba; sortir vers Al Malaiha, route E55. Tourner à droite sur la piste juste avant le café Hills. À 31 km de Dubaï • Munissez-vous du guide UAE Off-Road • 4x4 indispensable • Voir les visites guidées p. 192.

7 Liwa Oasis✦✦✦

Le berceau historique de la tribu Bani Yas se situe à l'extrémité nord de l'Empty Quarter (Rub al-Khali), la plus grande masse de sable ininterrompue du monde, avec des dunes atteignant jusqu'à 300 m de haut. L'oasis s'étire sur plus de 100 km le long d'un arc est-ouest. C'est le point de départ de nombreux safaris. Certains visiteurs y pratiquent le *sand boarding* ou s'arrêtent pour une collation au somptueux **Qasr Al Sarab** (✆ 02 895 8700 ou 800 2626 8272, www.anantara.com).

Quitter Dubaï par la SZR, direction Abu Dhabi, suivre Ghweifat et Madinat Zayed, route E11 puis E65 jusqu'à L'Anantara tout, à 3h30 de Dubaï • Munissez-vous de votre passeport et du guide UAE Off-Road • 4x4 indispensable hors des routes • Ne pas prendre de photos dans les zones défendues, attention!

8 Al Madam Ghost City✦✦✦

L'histoire ne dit pas exactement ce qui a poussé les habitants à déserter l'endroit : superstition, mauvais œil ou climat inhospitalier ? La tribu Al Kubti aurait vécu ici, avant que des djinns la fasse fuir. Créées d'un feu pur et sans fumée, ces créatures invisibles habiteraient notre monde et seraient dotées de libre arbitre. Expérience inédite ou interdite, ce village englouti par les sables vous transportera vers un lieu à la beauté surréaliste. Une mosquée, quatre rangées de maisons alignées, toutes dramatiquement vides !

Ici le temps s'est figé, quelques vestiges de papiers peints usés et des pièces ensevelies par les dunes et le silence envahissant … ou le murmure des fantômes !

Par mesure de prudence, ne rentrez pas dans les maisons dont le toit est surchargé de sable. Le site se détériore inexorablement. Accès par la E44 Hatta road. Au rond-point d'Al Madam (Umm Al Quwain Al Shuwaib Road), tourner à droite sur la E55. Après 500 m, prendre la première à droite et aller jusqu'à la fin de la route goudronnée. Les derniers mètres se font à pied, le village est sur la droite. À 1h du centre de Dubaï.

9 Platinum Heritage✦✦✦

Une expérience originale, respectueuse de l'environnement et des sites visités, récompensée par un Green Tourism Award. Laissez-vous séduire par le safari en Land Rover décapotable rétro et partez à la découverte de la faune locale sur les terres de la réserve royale. Une promenade en douceur, sans *dune bashing*, agrémentée en fin de visite par un dîner en musique et des activités traditionnelles (démonstrations de fauconnerie, henné, etc.). Plus confidentiel, passez une nuit romantique dans une demeure typique en pierre.

Dubai Desert Conservation Reserve, camp situé près de Murqqab, route d'Al Ain E66. À 50 min de Dubaï • ✆04 440 9827 ou WhatsApp 054 425 4995 • www.platinum-heritage.com • T.l.j., horaires selon la formule choisie, certaines activités sont ouvertes du 1er oct. au 15 mai seul. • Heritage Desert Safari : demi-journée (4x4 rétro) à partir de 525 Dhs; en dormant sur place, à partir de 995 Dhs; transferts vers les hôtels inclus.

Hatta

Côté montagne et *wadis*

Un *wadi* (vallée en arabe), ou oued, est un lit de rivière, souvent à sec, niché au cœur d'une gorge. Il est parsemé de bassins plus ou moins profonds résultant d'une montée des eaux forte et soudaine pendant la période de crues.

10 Wadi Asimah✦✦

Ce *wadi* offre le dépaysement et les sensations fortes sans les dangers du désert. On y découvre des piscines naturelles bleu lagon, des dattiers, des troupeaux de chèvres perchés dans les arbres, un village de montagnards hospitaliers. C'est une nature à l'état brut, des roches aux lignes coupantes et aux couleurs exceptionnelles, des merveilles après les émotions provoquées par le franchissement de certains passages.

2 itinéraires de conduite, par Al Ghail et Wadi Al Fara (plus difficile), ou par E89 au nord de Masafi à env. 2h de Dubaï
• Munissez-vous du guide UAE Off-Road
• 4x4 indispensable.

11 Hatta✦✦✦

Comme sur le mont Lee à Hollywood, la ville aux belles ambitions accueille ses visiteurs par un large signe « Hatta », accroché aux montagnes. Écotourisme, infrastructures sportives et hébergements atypiques fleurissent pour promouvoir les beaux attraits de la région. Une bouffée d'oxygène avec ses temps forts : kayak dans le lac aux eaux bleu lagon du barrage d'Hatta, trekking entre sommets rocailleux, village historique et fermes agricoles. 50 km de pistes VTT sont aussi accessibles librement. Suivez les repères selon votre niveau : piste verte pour les débutants, noire pour les pros ! Et pour une nuit à la belle étoile, vous avez le choix entre caravanes Airstream au pied du lac, cabanes sur pilotis et camping classique ou en dôme climatisé.

Accès par la route E102 Sharjah Kalba. Après Shawka, rejoindre Hatta vers la E44 • Ligne de bus E16 entre Al Sabkha Bus Station (Deira) et Hatta : www.rta.ae/wpsv5/links/buses/timetable/E201Both.pdf • www.visithatta.com/en/ • ☏048 205 500.

Pistes VTT : *Ouvertes toute l'année, avec un guide : à partir de 45 Dhs • Base de loisirs : prix variable selon l'activité.*

Base nautique : *https://hattakayak.com • ☏056 616 2111 • À partir de 60 Dhs/jour.*

Côté mer

12 Fujairah : plongée autour de Snoopy Island✦✦✦

Fujairah, le plus jeune des Émirats, est séparé du reste du pays par les montagnes Al Hajar, les « montagnes de pierre ». Il est très apprécié pour ses spots de plongée autour de Snoopy Island, un grand rocher aux airs du célèbre chien de bande dessinée. L'île a formé un récif corallien riche en vie marine (requins, raies, tortues de mer et poissons multicolores).

Se déplacer aux ÉAU

Si vous préférez vous passer d'un guide ou d'un tour-opérateur, sachez que se rendre en dehors de Dubaï en louant une voiture (GPS recommandé) coûte souvent moins cher qu'un taxi. Pensez à acheter le guide *UAE Off-Road* (cartes des routes), en vente dans les supermarchés. Le plus pratique est de louer une voiture à l'aéroport; les prix y sont à peu près égaux entre les agences de location. Sachez qu'en cas de casse ou de panne, les sorties hors des routes balisées ne sont pas couvertes par les assurances, les loueurs vous feront signer une décharge en amont. Sinon, RTA (Roads & Transport Authority) propose un service de taxi avec son application S'hail ou celle de limousines DTC. Plus d'info sur : *https://www.rta.ae/wps/portal/rta/ae/public-transport/journeyplanner*

Les montagnes escarpées et les oueds offrent également de beaux sites de randonnée et quelques attractions historiques valent le déplacement, comme le fort ou Al Badiyah Mosque, la plus ancienne du pays (XVe siècle) près de Khor Fakkan. Pour séjourner quelques nuits, Sandy Beach reste le coin préféré des familles et des plongeurs (masque et tuba suffisants). Ouvert en 1978, l'hôtel au charme désuet évoque un peu les vieux motels de Palm Springs.

Accès : Al Aqqa, Fujairah, sur la route Dibba-Khor Fakkan. À 2h de Dubaï • ☎09 244 5555 • https://sandybeach.ae • Centre de plongée sur place.

Rois du désert

Le désert joue un rôle essentiel dans le sentiment d'appartenance des peuples aux Émirats. Il fait partie de l'héritage culturel des Émiriens, et son amour se transmet de génération en génération. La communion avec le désert est encouragée par la création d'espaces où sont installés des campements bédouins, 100 % réservés aux Émiriens. Ils y prennent leurs quartiers durant le week-end ou pendant les fêtes religieuses.

Restos | Bars | Hôtels | Shopping | Activités

Restos Bistrots

Last Exit Food Trucks Station

Sur le pouce 77 Plan Visite 10

Cette scène de bord de route des années 1950 est une aire d'autoroute insolite où vous trouverez des camions versions Mad Max, des caravanes et des stands rétros transformés en baraques à frites, burgers et pizzas. Ne cherchez pas la salade, il n'y en a pas. À faire en allant ou au retour d'Abu Dhabi uniquement.

Last Exit Jebel Ali South and North, Sheikh Zayed Road E11, Interchange 11 • ☎800 738 245 • T.l.j., 6h-3h • www.lastexit.ae • Burgers ou tacos : 30-50 Dhs.

Estacoza Seafood

Égyptien 78 Plan Visite 10

Situation et look improbable pour ce restaurant de bord de route. Ce boui-boui aux lumières clinquantes est une adresse très prisée, qui brasse un melting-pot de locaux, de plongeurs et même de vacanciers. Allez-y plutôt le soir pour l'ambiance et commandez du poisson directement à l'étal (précisez pas trop cuit) ou des plats gargantuesques à partager.

Rugaylat Road E99, en face du Méridien Al Aqah Beach Resort, Fujairah • 050 360 5930 • Instagram : @estacoza_seafood • T.l.j. 12h30-23h • Poisson grillé : 42-69 Dhs ; riz épicé sayadieh : 17 Dhs.

Gonu

Bar et grill 79 Plan Visite 10

C'est certainement l'un des plus beaux endroits du coin pour dîner au bord de l'océan Indien. Une adresse romantique qui fonctionne tout autant pour un dîner entre copains. Les prix ne sont pas vraiment bon marché mais les grillades sont copieuses et, en entrée, le tataki de thon Beach Comber est moelleux (79 Dhs). Pour le cadre, c'est en extérieur uniquement, dans une paillote agrémentée d'éclairages tamisés en cordages de pêche.

Le Méridien Al Aqah Beach Resort, Rugaylat Road E99, Fujairah • 09 244 9000 • www.marriott.com/en-us/hotels/fjrmd-le-meridien-al-aqah-beach-resort/dining/ • T.l.j. 12h-16h30 et 19h-22h30 • Résa conseillée.

Bars, clubs Sorties

Rajmahal Theatre

Spectacles 51 Plan visite 10

Bollywood Parks célèbre l'industrie et la culture cinématographiques indiennes. Le théâtre de 856 places, élément culminant du parc d'attractions, suit les traditions architecturales du Rajasthan et l'intérieur, grandiose, offre l'atmosphère d'un palais millénaire. Les prestations scéniques Bombay-Broadway sont à la hauteur du phénomène : drames épiques, danses sensuelles et refrains entêtants… Du kitsch jubilatoire !

Bollywood Parks, Dubai Parks and Resorts, sortie 5 Sheikh Zayed Road (E11); à env. 15 min de Dubai Marina • 800 262 9464 • www.dubaiparksandresorts.com • T.l.j. 14h-22h • Entrée parc : 330 Dhs • Programmation quotidienne en soirée, à confirmer sur place • Âge : plus de 3 ans.

Soul Beach Dubai

Beach club 52 Plan visite 10

Voici une adresse à ajouter à la longue liste des *beach clubs* endimanchés où il faudrait trouver le temps de mettre les pieds.

Gonu

Celui-ci est à quelques encablures de Dubaï, à l'entrée de The Palm Jebel Ali. Vous pouvez y passer la journée posé sous ses parasols multicolores et flotter avec allure dans la classique piscine à débordement. Le plus de l'endroit ? Les festivals et concerts réguliers et le groove pour les fins de soirées.

JA Jebel Ali Beach Hotel, sortie n° 13, Sheik Zayed Road - Jebel Ali Freezone; à env. 15 min de Dubai Marina • ☏ 04 814 5126 ou ☏ 050 523 9731 (WhatsApp) • https://soulbeachdxb.com • Instagram : @soulbeachdxb (programation musicale) • Lun.-ven. 10h-22h, sam.-dim. 10h-minuit • Accès club : 150 Dhs la sem. et 200 Dhs le w.-e. (prix en partie remboursable sur le montant de vos consommations)

Iris

Bar Lounge 53 Plan visite 10

Ce bar à ciel ouvert, originaire de Beyrouth, est l'un des lieux chic et prisés du quartier de Meydan, le coin à la mode pour tous les nightclubbers. On y va pour la vue incroyable sur la *skyline* de Downtown et siroter, les cheveux au vent, un des nombreux cocktails fruités. Essayez l'étonnant mélange Above & Beyond, champagne-rhubarbe ! Selon les soirs, DJ renommés ou groupe live mettent le feu dans une ambiance endiablée.

Meydan Grandstand, Al Meydan Road, Gate 8, à côté du bureau de vente de l'hippodrome • ☏ 056 951 1442 ou 04 334 3355 • www.irisdubai.com • Dim.-jeu. 18h-3h, ven. 13h-3h; brunch : sam. 13h-17h; happy hour : lun.-jeu. 18h-20h • Cocktail : à partir de 65 Dhs • Résa conseillée • Tenue correcte exigée • Âge : plus de 21 ans.

Soho Garden

Club 54 Plan visite 10

Soho Garden est un peu l'hypermarché des boîtes de nuit, une cour de récré gigantesque pour les grands enfants qui aiment faire la fête. Réunis sous cette enseigne, le plus ambitieux des night-clubs dubaïotes s'adapte à toutes les envies proposant des restaurants, des bars et de nombreux dance floors avec au choix de la musique lounge, de la house, de la techno, et bien sûr les meilleurs DJ de la planète.

Meydan Racecourse, Grandstand, Nad Al Sheba 1 • Accès en taxi (15 min de Downtown) • ☏ 052 388 8849 • www.sohogardendxb.com •Dim.-ven. 20h-3h, Sam. 15h-3h • Cocktails : 65-85 Dhs; bière : 40-65 Dhs • Résa conseillée • Tenue correcte exigée • Âge : + de 21 ans.

The White

Club 55 Plan visite 10

The White est réputé être le meilleur club RnB de Dubaï à ciel ouvert avec vue sur tout Downtown. Les Dubaïotes y vont pour la musique et la piste de danse enflammée, mais aussi pour les spectacles de trapézistes et autres performances scéniques aériennes, les shows de danseurs et les DJ réputés. Attention au dress code : ici, c'est strictement *impress.* Vous entrez dans un club au portier sélectif.

Meydan Racecourse, Grandstand Rooftop, Level 8, Gate B, Meydan Racecourse, Nad Al Sheba 1 • Accès en taxi (15 min de Downtown) : env. 40-60 Dhs • ☏800 9191 ou WhatsApp 055 836 4848 • www.whitedubai.com • T.l.j. 20h-3h; f. en été • Accès libre, tables sur résa : 2000 Dhs la table pour 4, incluant une bouteille • Tenue correcte exigée • Âge : + de 21 ans.

Hôtels B&B

Bab Al Shams

Hôtel de luxe

Magnifique hôtel situé aux portes du désert. Cours ombragées, fontaines, palmeraie… un cadre arabisant sobre aux couleurs chaudes, une atmosphère unique.

Al Qudra Road (HP par E5); à env. 40 min de Dubaï • ☏04 809 6100 • http://babalshams.com • Entre 550 et 1573 Dhs • Réservez longtemps à l'avance.

Sedr Trailers Resort

Caravanes

Dans un *wadi* privé, 13 caravanes Airstream avec vue sur les eaux turquoise du barrage Hatta Dam (départ en kayak à vos pieds). Un camping atypique et discret au confort sans fioritures, mais au look incomparable.

Hatta Dam; accès par la route E102 Sharjah Kalba; après Shawka, rejoindre Hatta vers la E44 • ☏048 205 500 • www.visithatta.com • Fermé de début mai au 31 sept. • Entre 1100-1400 Dhs • Réservez longtemps à l'avance et demandez la caravane 7, la mieux placée !

Damani Lodges Resort

Cabanes avec vue

20 cabanes sur pilotis éparpillées dans les montagnes, avec une superbe vue si votre lodge n'est pas situé en contrebas de la colline et près de la route. Accès direct aux *Wadi hubs* (infrastructures sportives payantes), pistes cyclables et *food trucks.* Un conseil : demandez les chambres 14, 15, 16 ou 21. La 17 ne donne sur aucun voisin !

MTB Trail, Wadi Hub; accès par la route E102 Sharjah Kalba; après Shawka, rejoindre Hatta vers la E44 • ☏048 205 500 • www.visithatta.com • Fermé de début mai au 31 sept. • Entre 1500-1700 Dhs • Réservez longtemps à l'avance.

Longbeach Campground

Camping

Si vous aimez camper au bord de la plage dans une ambiance de camp de vacances, c'est l'endroit parfait, sans apporter votre attirail de campeur ! Attention, douche en commun ou privée selon la prestation choisie.

BM Beach Hotel, croisement E11-E14, Ras Al Khaimah ; à env. 1h10 de Dubaï • ☏07 203 4000 • www.bmhotelsresorts.com/long-beach-campground • Entre 630 et 2 700 Dhs.

Activités Détente

Nara

Excursions dans le désert

Nara est un organisateur d'expériences insolites, du genre romantique et exceptionnel. Sa marque de fabrique est le **Sonora Camp**, du clé en main pour vivre l'aventure : coucher de soleil, dîner et nuitée dans le désert. Des croisières en *dhow* traditionnel dans les fjords du Musandam à Oman sont aussi au programme. Enfin, avec **The Nests**, un campement *eco-friendly* au luxe discret pensé par l'architecte Gianni Ranaulo, vous dormirez dans un bivouac caméléon, camouflé sous une dune. Laissez-vous ensabler !

Dubai Desert Conservation Reserve, route d'Al Ain E66, près de Margham Gate ; à 50 min de Dubaï • ✆050 336 7909 • www.nara.ae • De sept. à juin : t.l.j. ; juil. : sam.-dim. • Sunset à partir de 460 Dhs, dîner à partir de 860 Dhs, nuitée à partir de 1 610 Dhs. The Nests : de 2 900 à 3 500 Dhs • Transport depuis un hôtel possible sinon navette à l'entrée de la réserve.

European Equestrian Academy

Chevauchée sur les dunes

Venez frapper aux portes de cette écurie pas comme les autres, où vous attend une ambiance décontractée et familiale. Formée au prestigieux Cadre Noir de Saumur, Marion Glatigny vous propose une balade inédite à l'écart de la frénésie citadine. Une chevauchée entre palmeraie et désert où, si vous êtes chanceux, vous aurez le privilège de croiser quelques spécimens de la faune locale. Un bel instant contemplatif aux portes de l'immensité.

European Equestrian Academy, certifiée FFE – Al Ruwayyah, Al Ain Road E66, au croisement avec la E611. À 20/25 min de Downtown • ✆056 778 6409 (tél. ou WhatsApp en français) • https://europeanequestrianacademydubai.com • Instagram : @europeanequestrianacademy (programme) • Lun.-ven., matin seul. • Tarifs : 300 Dhs ; à partir de 2 pers. : 200 Dhs/pers. • Le centre peut organiser le taxi retour, tarif variable selon le lieu de destination.

Kite Beach Center

Beach club

Voici un beach club pas comme les autres où tout est fabriqué de pierre, de bois et de feuilles de palmier. C'est la retraite prisée des dubaïotes en manque de vagues et de simplicité. Ici on peut faire du surf, du Kite surf, apprendre l'art d'enfouir ses orteils dans un sable tiède et doré, faire du fitness Tarzan Gym ou partir en Kayak dans la mangrove. La plage est aménagée de huttes et de tentes très tendance et d'un restaurant à prix convenables.

Shaik Saud bin Rachid Al Mualla Road, Umm Al Quwain. À 50 min de Dubaï • ✆055 507 3060 • https://kitebeachcenter.ae • T.l.j. 6h-22h • Accès à la plage : 45 Dhs ; hutte ou tente privée : +250 Dhs ; tour de mangrove à partir de 160 Dhs • Loup de mer grillé : 60 Dhs.

LES PLUS BELLES NUITS DANS LE DÉSERT

Qui n'a jamais rêvé de partir, tel un aventurier, à l'assaut des dunes et d'y établir un campement pour la nuit ? Contempler la lune et ses étoiles pleines de promesses et leur chuchoter des vœux aux espérances infinies... Oui mais voilà, comment trouver l'expérience unique et exceptionnelle sans tomber dans une myriade de clichés poussifs à l'authenticité de carton-pâte ? Nous avons sélectionné pour vous quelques adresses hors du commun sans compromis sur le confort. Prévoyez tout de même un bon budget !

Campements

Sand Sherpa

04 424 3620 • www.sandsherpa.com

Nara (voir ci-contre)

050 336 7909 • www.nara.ae

Platinum Heritage (voir p. 154)

04 440 9827 • www.platinum-heritage.com

Starlight Camp

www.starlight-camp.com • info@starlight-camp.com

Moon Retreat By Minsk

06 804 0404 • myskhotels.com/en/our-hotels/moon-retreat/

Hôtels

Arabian Nights Village

02 207 8989 • arabiannightsvillage.com

Al Badayer Retreat

06 801 2020 • myskhotels.com/en/our-hotels/al-badayer-retreat/

The Nest by Sonara (voir Nara)

Al Maha Desert Resort and Spa

04 832 9900 • www.marriott.fr/hotels/travel/dxbam-al-maha-a-luxury-collection-desert-resort-and-spa-dubai/

Qasr Al Sarab (voir p. 153)

02 886 2088 • www.anantara.com/en/qasr-al-sarab-abu-dhabi

SPORTS ET TRADITIONS

Même si 88,52 % de la population totale du pays est d'origine étrangère, le peuple émirien fait preuve d'un authentique attachement à ses racines et à ses traditions. Depuis quelques années, le gouvernement dubaïote favorise l'accès à des activités séculaires pour tous les Émiriens. Ces derniers se réapproprient progressivement leur patrimoine, parfois oublié au profit des divertissements de masse du XXIe s. Ce sentiment se cristallise notamment sous la forme des trois sports traditionnels émiriens.

Les courses de dromadaires

Durant des siècles, les dromadaires ont servi de moyen de transport, ils fournissaient du lait et de la viande, ils étaient de vrais compagnons de route pour les Bédouins. Ces animaux avaient aussi vocation au divertissement sportif (ils courent de 40 à 65 km/h), et sont, aujourd'hui encore, l'objet de compétitions et de célébrations importantes. Dans la région du Golfe, ils sont toujours le reflet de la prospérité d'une famille grâce au nombre de bêtes d'un troupeau. Chaque mois de décembre, une petite ville de l'Empty Quarter dresse ses tentes pour accueillir le **festival Al Dhafra**, un concours de beauté où les animaux s'affrontent sur cinq catégories de robes. Le record en 2008 : un dromadaire vendu à 10 millions de dirhams. Il existe aussi des **courses prestigieuses**, rassemblant une foule nombreuse et joyeuse. Le Coran interdit les jeux d'argent, les gagnants sont néanmoins récompensés par de nombreux prix de valeur, souvent des voitures.

Une passion hippique

La passion qui unit les Émiriens au sport hippique est célèbre dans le monde entier et remonte à plusieurs siècles. Les **pur-**

Tourisme animalier, attention danger !

Quelques conseils pour une meilleure pratique des activités avec des animaux où l'interaction semble attrayante et respectueuse. Soyez vigilant quant à l'offre du secteur touristique dont la motivation reste souvent le profit commercial. Le rostre du dauphin (son nez) supporte difficilement les caresses, sans risque de le blesser. Une piscine n'est ni un lagon ni l'ombre de son milieu naturel. Une chouette n'a rien à faire enchaînée dans un café, un pingouin n'est pas une peluche à tripoter et un dromadaire sur la plage n'est pas un manège enchanté qui est arrivé là par hasard.

sang arabes sont parmi les plus anciennes races de chevaux puisqu'ils sont apparus il y a plus de 4 500 ans. Grâce à leurs qualités uniques (endurance, intelligence, robustesse), ils étaient utilisés comme montures dans les guerres tribales ou comme moyen de transport des messagers d'une tribu à une autre. Ils peuvent supporter les rudesses du désert, ils boivent et mangent moins que d'autres espèces. Ces nombreuses qualités en font des créatures dignes des plus grands trésors royaux. Leurs prix de vente peuvent d'ailleurs atteindre des montants vertigineux. Le **sheikh Mohammed Al Maktoum,** qui participe à de nombreuses compétitions internationales, est aussi un grand éleveur de chevaux ; il possède un étalon d'une valeur de 9,2 millions de dollars. Ses écuries (établies dans six pays), Godolphin, remportent très souvent les prix internationaux les plus prestigieux (www.godolphin.com).

La fauconnerie

L'image du faucon et l'art antique de la chasse, qui remonte à environ 2 000 ans, sont aussi un moyen de préserver les traditions des ancêtres bédouins. Les proies rapportées par le rapace permettaient de compléter une alimentation souvent frugale. À la même époque, les sheikhs profitaient des expéditions de chasse pour visiter leur région et maintenir ainsi un lien avec leur peuple, parfois éparpillé dans le désert. Les faucons, tout comme les étalons et les dromadaires, coûtent une fortune et sont un signe de prospérité pour son propriétaire. La fauconnerie est aujourd'hui une activité sportive très appréciée, dont la pratique se transmet de père en fils. ■

Adresses utiles

Courses de dromadaires

Dubai Camel Racing Club

Sur la route E66, direction Al Ain, Al Marmoom. 047 188 888 • Programme des courses en ligne : www.dubaicrc.ae.

Courses de chevaux

Dubai Racing Club (hippodrome), Meydan

Depuis la Sheikh Zayed Road, prendre le 2nd interchange sortie 47 vers Al Meydan Street, puis direction Meydan Racecourse • www.dubairacingclub.com • Vente des billets : 04 327 2110 ou ticketoffice@dubairacingclub.com • Visites des écuries : https://themeydanhotel.com/stable-tours, à partir de 310 Dhs/adulte.

Fauconnerie

Centre de la fauconnerie

Al Hurr Falconry Services, Nad Al Sheba • 050 796 6294 • www.alhurrfalconry.com

Abu Dhabi Falcon Hospital

https://www.falconhospital.com • 02 575 5155.

ABU DHABI

11

En constante mutation, la capitale des Émirats s'étend désormais sur plusieurs îles. À la fois contemporaine et traditionnelle, Abu Dhabi forge pas à pas son image de ville flamboyante où mangroves, gratte-ciel et palais éclatants se tutoient en parfaite harmonie. Le Louvre Abu Dhabi fait déjà rayonner les arts et la culture sur l'île de Saadiyat, et Yas Island a pris les rênes du secteur des loisirs.

Sheikh Zayed Grand Mosque

Abu Dhabi Downtown

1 Sheikh Zayed Grand Mosque***

C'est là que repose le Sheikh Zayed, le « père de la nation », dans l'un des monuments emblématiques d'Abu Dhabi. L'architecture de la Grande Mosquée, construite en 2007, fascine par sa blancheur éblouissante. Ébahissez-vous devant ses quatre minarets, ses mille colonnes, ses multiples bassins et ses 82 dômes. Le plus important se trouve au centre de la salle de prière principale. Sa coupole est magnifiée par une couronne en forme d'oignon et des croissants de lune décorés de mosaïques d'or. Il abrite aussi l'un des plus grands lustres du monde pesant 12 tonnes. La mosquée est principalement constituée de marbre et de décors ornés d'or, de pierres semi-précieuses et de mosaïques. Elle contient également six autres lustres de cristal admirables. La salle de prière peut accueillir près de 40 000 fidèles… Regardez d'ailleurs le tapis persan de 35 tonnes qui s'y trouve : avec ses 5 627 m², c'est le plus grand tapis fait main au monde. Il aura nécessité plus d'un an et 1 200 artisans pour le réaliser. Un conseil, rendez-vous à la mosquée lors du coucher du soleil, quand la lumière rose orangé imprègne ses matériaux aux reflets opalins. À la tombée de la nuit, ne manquez pas son illumination « lunaire » (grâce à un système d'éclairage unique conçu pour refléter les phases de la Lune).

Sheikh Rashid Bin Saeed Al Maktoum Street, 5th Street • ☏02 419 1919 • www.szgmc.gov.ae • Dim.-jeu. 9h-22h, ven. 9h-12h et 15h-22h • Accès libre (résa. conseillée); prévoir foulards et vêtements couvrants (sinon il faut acheter la tenue adéquate, env. 50 Dhs) • Visite guidée matin ou soir par résa. en ligne • Évitez la foule du ven.

Wahat Al Karama

2 Wahat Al Karama✦

Wahat Al Karama, « oasis de la dignité », honore les braves tombés pour leur patrie. Réalisé par l'artiste Idris Khan, le mémorial a reçu l'un des prix 2017 de l'American Architecture Prize, une prestigieuse distinction. Le monument de 90 m de long est formé de 31 tablettes massives, ciselées de poèmes. Adossées les

Pause généreuse chez Tashas

Lancé à Johannesburg, le premier restaurant Tashas s'est depuis métamorphosé en une véritable flotte. Une *success story* à la recette magique : ne rien préparer ni assaisonner à l'avance ! Un défi sans compromis relevé haut la main par une femme passionnée de cuisine et de beaux espaces. Jolie situation (devant la mer !), mariage incisif de saveurs et plats gourmands en diable, Tashas a tout pour plaire !

80 Unit B02 Cafe, Marsa, Al Bateen, à côté de Zayed Centre for Studies and Research • ☏02 445 0890 • www.tashascafe.com • Lun.-sam. 8h-minuit, dim. 8h-23h • Houmous épinards-feta : 48 Dhs; Butternut salad : 88 Dhs.

unes aux autres comme dans un château de cartes, elles symbolisent le soutien de la nation et de l'armée aux familles de ceux qui sont partis. Un pavillon d'honneur commémore aussi ces héros.

Al Tharwaniyyah Street; en face de la Grande Mosquée • ✆02 668 1000 • www.wahatalkarama.ae • T.l.j. 9h-20h (visite guidée 9h-19h résa. en ligne) • Entrée libre.

3 Salwa Zeidan Gallery⁺⁺

Après avoir ouvert en 1994 la première galerie d'art contemporain d'Abu Dhabi, l'artiste et conservatrice libanaise Salwa Zeidan sélectionne des œuvres autour de deux traits communs, vision minimaliste et sensibilité. La galerie expose des sculptures de Salwa, mais aussi des peintures, de l'art digital et des photographies de talents émergeants et internationaux.

Millenium Capital Gate (Millenium Al Rowdah Hotel), first floor, Sheik Racheed Al Maktoum Street • ✆050 398 8319 ou ✆054 442 8794 • www.salwazeidangallery.com • Lun.-sam. 10h-18h, dim. 10h-17h.

4 Zayed Center for Studies and Research⁺⁺

Ce musée un peu vieillot à l'architecture typique rend hommage au Sheikh Zayed, qui initia l'union des Émirats (1971) et les politiques locales modernes. Parfait pour une sortie en famille ; les enfants adorent la salle des archives de la police, les dernières voitures favorites du leader et les cadeaux insolites reçus au cours des visites officielles. Café offert à la sortie.

92, Al Quffal Street, Al Bateen Marina (dépasser les barrières de sécurité du bâtiment principal, demander Zayed Exhibition) • https://torath.gov.ae/module/branches • Lun.-jeu. 8h-14h, ven. 8h-12h • Accès libre.

5 Qasr Al Watan⁺⁺

Qasr Al Watan, littéralement « palais de la nation », est une borne culturelle soulignant la contribution du monde arabe aux domaines des arts, des sciences et de la littérature. Le palais, au style arabe traditionnel, a été érigé dans les jardins présidentiels. Les salles, vastes et dépouillées, parfois ornementées d'or, donnent un aperçu de l'héritage et de la vision de ses leaders pour façonner la nation vers de plus hauts sommets. Le soir, un spectacle sons et lumières embrase sa façade, une histoire en trois actes : passé, présent et futur.

Corniche Road, Al Ras Al Akhdar • ☎ 0600 544 442 • www.qasralwatan.ae • T.l.j. 11h-19h30 ; sons et lumières « Palace in Motion » t.l.j. à 20h (arriver 30 mn avant, durée 15 min) • Entrée palais + expo + show : 65 Dhs ; Architecture tour, ajouter 20 Dhs ; Palace in Motion uniquement, 25 Dhs.

6 Emirates Palace⁺⁺

Vous l'avez peut-être vu dans *Sex & the City 2* ? Cet hôtel 5 étoiles est un haut lieu de la capitale, renommé pour ses jardins baignés de fontaines, ses concerts, ses galeries recouvertes de cristal et de feuilles d'or et les gratte-ciel du centre-ville qui lui font face. Son voiturier, un géant de 2,25 m, vous accueillera avec élégance

Emirates Palace

même si vous n'êtes là que pour la photo. Si vous souhaitez aller plus loin, testez les paillettes d'or à déguster à Le Café, saupoudrées sur une tartine de saumon, ou plus léger, un café glacé.

West Corniche Road • ☏ 02 690 9000 • www.mandarinoriental.com/abu-dhabi/emirates-palace/luxury-hotel • Accès libre au lobby et expos • Café glacé 23 carats : 75 Dhs.

7 Founder's Memorial✦✦

L'année 2018 a marqué le 100e anniversaire de la naissance de sheikh Zayed bin Sultan Al Nahyan, le père fondateur des ÉAU. Le mémorial rend hommage à l'homme visionnaire, évoquant le personnage à travers des citations et des anecdotes. Les jardins du patrimoine Heritage Garden (3,3 ha) entourent la pièce maîtresse de la visite, une œuvre monumentale (30 m de haut) de l'artiste Ralph Helmick. *The Constellation*, composé de 1 327 solides géométriques suspendus dans les airs, révèle, surtout la nuit venue, un portrait tridimensionnel du sheikh.

Accès par Al Marsa Street ou West Corniche Road • ☏ 02 410 0100 • www.thefoundersmemorial.ae/en • T.l.j. 10h-minuit • Entrée libre • Résa en ligne conseillée pour une visite guidée gratuite de 30 min.

8 Heritage Village✦

Point de rendez-vous des touristes, cette reconstitution de village bédouin est surtout l'occasion de faire de belles photos et de voir quelques artisans à l'œuvre. Le petit musée est assez poussiéreux et l'aménagement des allées un peu surfait. Mais alors, pourquoi s'y rendre ? La vue, toujours elle ! Le panorama vers la corniche opposée, dont les buildings contrastent avec les bateaux en bois amarrés à la rive, vaut la peine de s'y arrêter.

Al 'Alam Street, Corniche Breakwater (sur la jetée routière), à côté du Marina Mall • ☏ 02 681 4455 • https://torath.gov.ae/module/branches • Sam.-jeu. 9h-16h, ven. 7h30-12h et 15h30-21h • Accès libre.

9 Qasr Al Hosn✦✦✦

C'est ici que tout a commencé ! Une tour de guet et des remparts bâtis vers 1790 protégeant les quelques biens d'une tribu nomade originaire de Liwa, les Bani Yas (ancêtres des Al Nahyan). Devenu le fief de cette puissante famille, le fort ancestral *(hosn)* fut progressivement agrandi, hébergeant successivement le siège du gouvernement, un conseil consultatif et les archives nationales. Depuis l'achèvement de la restauration en 2018, les visiteurs peuvent pénétrer dans ce bâtiment exceptionnel composé d'un palais intérieur et extérieur. Autour d'une scénographie contemporaine remarquable, ce bijou du patrimoine local conte l'histoire et l'évolution d'Abu Dhabi. Une maison des artisans et une fondation culturelle (dont une librairie et un théâtre) sont aussi ouvertes au public pour achever cette superbe visite.

Sheikh Rashid Bin Saeed Al Maktoum Street, Al Hosn • 02 697 6400 • www.qasralhosn.ae • Sam.-jeu. 10h-20h, ven. 14h-20h • Entrée tout accès : 30 Dhs • House of Artisans & Cultural Fondation : entrée libre.

10 The Corniche✦✦

Bien avant que la péninsule n'étende son emprise sur les îles de Yas et Saadiyat, la corniche d'Abu Dhabi était *the place to be*. La route de 8 km, bordant les trois sections de plage, a depuis multiplié ses voies, mais l'attrait de cette longue promenade est toujours irrésistible et sa fréquentation atteint des pics les jours de week-end. Location de vélos, voies piétonnes, équipements sportifs, cafés... Vous trouverez de quoi vous divertir.

Corniche Road • Entrée libre sur Al Sahil Gate 4; 10 Dhs/adulte (5Dhs/enfant) pour les sections privatives (familles, quiet zone) vers Gate 2 et 3,25 Dhs pour un bain de soleil.

Saadiyat et Yas Islands

11 Louvre Abu Dhabi✦✦✦

Inauguré en 2017, c'est le premier musée universel du Moyen-Orient. Il concrétise la coopération culturelle souhaitée entre la France et les ÉAU dans un accord signé en 2007. La collection, qui a pour but de partager la mémoire de l'humanité et de favoriser le dialogue culturel, présente des œuvres de l'Antiquité au XXe s. The Grand Vestibule, l'antichambre de l'exposition, souligne les similarités entre les premières civilisations autour des mêmes thèmes de préoccupation : fécondité, accès à l'eau, repos éternel... Puis douze galeries suivent le fil de l'Histoire comme un métronome du temps. Quelques ouvertures, ici et là, dévoilent progressivement le somptueux bâtiment de Jean Nouvel. La sortie vers le golfe Persique et le dôme de la superstructure, un tissage d'acier de 7 500 tonnes transpercé d'une pluie de lumière est tout simplement théâtrale. Des expositions temporaires viennent aussi compléter cette collection. Et pour commencer ou finir en beauté, vous pouvez aussi partir en kayak autour du

Louvre Abu Dhabi

musée, une sorte « d'architectour » privilégié et unique en son genre.

Saadiyat cultural district, Saadiyat Island • 0600 56 55 66 • www.louvreabudhabi.ae • Sam.-dim., mar.-mer. 10h-20h, jeu.-ven. 10h-22h • Entrée : 60 Dhs • Kayak autour du musée : mar.-dim. 5h30 et 7h30; 17h et 18h30, 126 Dhs/pers. • résa obligatoire.

12 Manarat Al Saadiyat⁺⁺

C'est l'espace d'exposition et de conférences de Saadiyat. Ne vous fiez pas à sa façade longiligne un peu austère qui contraste avec son voisin, le pavillon émirien de l'Exposition universelle de Shanghai en 2010 (reconstruit à l'identique). Expos, concerts, ateliers, cinéma et de nombreuses activités animent le lieu tout au long des saisons. Chaque année s'y tient l'Abu Dhabi Art Fair (voir p. 203).

Saadiyat cultural district, Saadiyat Island • 02 657 5800 • http://manaratalsaadiyat.ae • T.l.j. 10h-20h • Accès libre; voir programmation en ligne.

13 Saadiyat Public Beach⁺⁺

Il se murmure que c'est la plus belle plage des Émirats. Paradis des tortues dans une eau aux camaïeux de bleus, les herbes des dunes se balancent furtivement dans la brise comme du blé vert. Les autorités locales protègent jalousement la vaste étendue de sable blanc (9 km) à l'environnement préservé. Deux options possibles, une plage vierge à gauche ; à droite, transats et parasols. Le must, un cours de yoga sur le sable fin pour connecter ses sept chakras !

Saadiyat Island; juste après l'hôtel Park Hyatt • T.l.j. 9h-coucher de soleil • Accès sans transat : 25 Dhs, enfant 15 Dhs; transat : lun.-ven. 52,50 Dhs, sam.-dim. 79 Dhs • F. temporairement.

Pause design chez Larte

Pour vous accueillir, un air de jazz, une luminosité douce et paisible et des échiquiers de jeux ... Dissimulée à l'intérieur de Manarat Al Saadiyat, la cantine chic et décontractée, aux couleurs pop et aux murs envahis d'œuvres d'art, est un havre de paix chaleureux avec en prime une terrasse entourée de verdure. Commandez l'excellente Melanzane Parmigiana, des aubergines aux deux fromages (60 Dhs) accompagné d'un verre de Pinot Grigio (65 Dhs). Parfait aussi pour un petit café (14 Dhs) de bon matin.

81 *Manarat Al Saadiyat, Saadiyat Island • 02 657 5888 • https://larte.ae • T.l.j. 7h30-minuit.*

14 Yas Leisure Land✦✦

L'île de Yas se positionne fièrement comme l'eldorado des divertissements. Trois parcs à thème rivalisent d'imagination pour épater la galerie. **Ferrari World** fait vibrer les fans de Fangio (ne ratez pas Formula Rossa, vitesse de pointe à 240 km/h). **Yas Waterworld** est un paradis aquatique avec 43 attractions, quatre zones de baignade délirantes dont une réservée aux plus jeunes. Et depuis 2018, **Warner Bros** vous immerge dans six mondes merveilleux pour une régression infantile jubilatoire, truffés de superhéros DC Comics et de toons survoltés.

Yas Island, Yas Drive Street ; suivre le panneau bleu « Yas Leisure Land » • ☎0600 511 115

Ferrari World : *www.ferrariworld abudhabi.com • Entrée : 295 Dhs; enfant : 230 Dhs.*

Yas Waterworld : *www.yaswaterworld.com • Entrée : 270 Dhs; enfant : 220 Dhs.*

Warner Bros World Abu Dhabi : *www.wbworldabudhabi.com • Entrée adulte à partir de 295 Dhs; enfant à partir de 230 Dhs.*

15 Yas Marina Circuit✦

Depuis 2009, ce circuit accueille des courses automobiles et surtout le Grand Prix de Formule 1 (voir p. 203). Les passionnés pourront le visiter (visite de 2h : 130 Dhs) ou devenir passager embarqué. Les plus chevronnés suivront au volant d'un bolide les traces de leur pilote favori (à partir de 1 800 Dhs). Au milieu du circuit, W Abu Dhabi offre un intérieur ultra-design.

Yas Island; suivre le panneau bleu « Yas Leisure Drive » • ☎02 497 9000 • www.yasmarinacircuit.com • T.l.j., horaires variables selon la formule choisie (résa sur le site Internet ou par tél.).

16 Nyuad Art Gallery++

Voici une galerie à ne pas manquer, même s'il faut pour cela aller jusqu'à un drôle de quartier un peu désert, sur le campus de NYU Abu Dhabi, affilié à la prestigieuse université de New York. C'est depuis 1994 l'unique galerie universitaire avec un programme d'expositions expérimentales. On ne vous mentira pas, il n'y a vraiment rien à visiter autour, même pas un café sympa, mais la mise en scène et les projets exposés valent vraiment le détour si vous êtes amateur d'art contemporain. Des artistes du monde entier y sont aussi exposés.

NYU Abu Dhabi Campus, sortie Saadiyat Beach (E12), puis suivre les panneaux NYU, Saadiyat Island • 02 628 8000 • www.nyuad-artgallery.org • Mar.-dim. 12h-20h • Entrée libre.

Restos | Bars | Hôtels | Shopping | Activités

Restos Bistrots

Bonna Anne

Éthiopien 82 Plan J10

Ne soyez pas rebuté par son allure de gargote. À l'intérieur, c'est comme chez une bonne amie, une immersion en Éthiopie. Quelques tables, un accueil chaleureux, des habitués prêts à vous conseiller et… pas de couverts pour manger ! Au bout des doigts, des ragoûts de viandes et des concoctions de légumes bien mitonnés, le tout servi sur l'*injera,* une galette de *tef* (millet). Une révélation !

Salam Street, à l'angle de Al Ziraydi Street, Al Zahiyah Area • 02 491 2128 • T.l.j. 10h-minuit • Spécialités à partager, Bonna Anne Special ou Yesom Beyaynetu : 40 Dhs.

Prego's

Italien 83 Plan J10

Le restaurant italien du Beach Rotana Hotel est très apprécié pour son ambiance (un peu bruyante parfois) et sa terrasse surplombant la rive. Un conseil s'impose donc : réservez votre table. Antipasti de pain chaud assorti de tapenade et de parmesan, pâtes ou pizza et le classique tiramisu en dessert. *Buon appetito !*

Beach Rotana, 10th Street, Al Zahiyah Area • 02 697 9011 ou 02 697 9000 • www.rotana.com/rotanahotelandresorts/unitedarabemirates/abudhabi/beachrotana/diningout/pregos • T.l.j. 12h-minuit • Antipasti : 65-190 Dhs, Pâtes : 80-125 Dhs • Licence d'alcool • Résa conseillée.

Foodshed

Coffee shop

84 Plan K10

Une déco en bois brut *made in* ÉAU, des ingrédients de saison provenant des agriculteurs locaux, c'est l'adresse pour tous les *food lovers* écoresponsables. Avec des basiques (toasts, burgers, pancakes) et quelques pépites végétariennes comme l'aubergine et salade de lentilles ou la *superfood salad* (chacune 50 Dhs)

Gate 1, Bloom Gardens, Das Street, près de Khalifa Park • ☏ 02 671 1113 • Instagram : @foodshed.ae • T.l.j. 7h-22h.

Observation Deck at 300

Restaurant-salon de thé

85 Plan J10

Pour apercevoir toute la corniche et ses palaces de nababs, c'est le plus haut point d'observation de la cité. Ce restaurant et salon de thé est installé au 74e étage. Certes, l'expérience n'est pas à la portée de toutes les bourses, mais si on veut s'offrir une folie, c'est bien celle-ci qu'il faut envisager.

Conrad Abu Dhabi Etihad Towers, Tower 2, level 74 • ☏ 02 811 5666 • www.hilton.com/en/hotels/auhetci-conrad-abu-dhabi-etihad-towers/dining/ • T.l.j. 12h-20h • Restaurant : minimum de dépense 55 Dhs (résa. obligatoire); Afternoon Tea avec en-cas : 250 Dhs/pers. (14h-18h, résa 24h à l'avance)• Licence d'alcool.

Grills@Chill'O

Méditerranéen

86 Plan J10

Il y flotte comme un air de vacances et des odeurs de grillades qui rappellent les belles soirées d'été. Cet élégant restaurant d'hôtel est à tester de préférence le soir *al fresco*, près de la piscine ou surplombant la terrasse. Si le service n'est pas toujours rapide, le personnel est attentionné. Il y a un grand choix d'entrées mêlant les parfums de la Méditerranée ; sinon l'Arabic Mixed Grill est à lui tout seul bien suffisant.

Sofitel Abu Dhabi Corniche, Corniche Road Est, Capital Plaza Complex • ☏ 02 813 7777 • https://www.sofitelabudhabicorniche.com • Lun.-ven. 12h-1h, sam.-dim. 12h-2h • Entrées : 45-70 Dhs ; grillades : 90-255 Dhs • Licence d'alcool.

Beach House

Méditerranéen

87 Plan K9

Comme son nom l'indique, il s'agit d'une maison campée sur la plage, située dans le magnifique Park Hyatt sur Saadiyat Island (p. 170). Le lieu est intemporel, serein mais aussi souvent plein, il faut réserver sans faute pour une place sur la terrasse extérieure. Le menu méditerranéen est fin et maîtrisé. Pour les budgets plus serrés, venez seulement pour l'apéritif, un peu avant le coucher du soleil.

Park Hyatt Abu Dhabi Hotel and Villas, Shati Al Sa'diyat Street, Saadiyat Island

• ☏ 02 407 1138 • www.hyattrestaurants.com/en/dining/uae/abu-dhabi/mediterranean-restaurant-in-saadiyat-island-beach-house • Dim.-mer. 12h30-minuit, jeu.-sam. 12h30-1h • Entrées : 60-120 Dhs ; plat à partir de 135 Dhs ; verre de rosé : 62 Dhs • Licence d'alcool.

Vietnamese Pho

Vietnamien 88 Plan K10

Vous êtes bien à la bonne adresse, dans un quartier où le sable règne encore en maître et défie les quelques tours qui se dressent ici et là. Ce tout petit restaurant doté d'une modeste terrasse et de seulement quelques tables à l'intérieur est un extra-terrestre incroyable tant les prix pratiqués sont peu élevés. Pour la nourriture c'est une carte typique vietnamienne aux saveurs jubilatoires et mets copieux. À faire absolument.

Al Reem Bay Tower B, ground floor • ☏ 02 50 205 1646 • https://vietnamesepho-ae.com • T.l.j. 10h30-23h • Dumplings : 20-30 Dhs ; Curry : 35-48 Dhs ; Pho : 20 Dhs.

Bars, clubs Sorties

Ray's Bar

Bar 56 Plan J10

Au 62e étage des Etihad Towers, découvrez le bar chic et branché de la capitale avec un panorama à vous faire pâlir ! Au coucher du soleil pour l'apéritif ou plus tard le soir, les expatriés d'Abu Dhabi viennent s'y détendre. Ambiance *afterwork* puis *clubbing*, on s'installe au bar, à table ou dans un salon privé pour un cocktail. Les classiques sont honorés, commandez votre cocktail préféré ou laissez-vous surprendre !

Conrad Abu Dhabi Etihad Towers, Tower 2, level 62 • ☏ 28115655 • www.hilton.com/en/hotels/auhetci-conrad-abu-dhabi-etihad-towers/dining/ ou Instagram : @raysbarabudhabi • Dim.-ven. 18h-1h, sam. 17h-1h, happy hour : 18h-20h • Cocktails : 50-100 Dhs; verre de vin : à partir de 30 Dhs • Résa. conseillée • Tenue correcte exigée.

Emirates Palace Auditorium

Auditorium 57 Plan J10

Dans l'enceinte même de l'un des plus prestigieux palaces des ÉAU, cet auditorium de plus de 3 000 m² décoré partiellement de feuilles d'or accueille chaque saison le célèbre Abu Dhabi Classic Festival. Musique de chambre ou encore grands orchestres philarmoniques s'y produisent avec un plaisir d'écoute et une acoustique inégalables pour le plus grand bonheur des 1 100 spectateurs.

Emirates Palace, West Corniche Road • ☏ 02 690 8896 • www.mandarinoriental.com/abu-dhabi/emirates-palace/luxury-hotel/venues/event-facilities • Billet à partir de 450 Dhs.

Ray's Bar

Etihad Park & Etihad Arena

Concerts

58 Plan L10

Point de rencontre musical entre le public de Dubaï et celui d'Abu Dhabi, Il existe deux gigantesques complexes situés à l'entrée de la capitale des ÉAU. Etihad Park est une salle de concerts en plein air d'une capacité de 40 000 personnes. Et Etihad Arena est une salle *indoor*, couverte, de 18 000 places. Elles accueillent les plus grandes stars internationales mais aussi des événements sportifs et culturels.

Etiyad Park : Yas Drive Street, Yas Island • ☎600 511 115 • www.yasisland.com/en • Tarifs et programmation sur www.yasisland.com/en/events • Tarifs variables selon les événements.

Saadiyat Beach Club

Beach club

59 Plan K9

Protégée pour ses dunes, ses tortues et quelques dauphins, la plage paradisiaque de Saadiyat abrite un beach club d'exception, dans un vrai décor de carte postale. Vous pourrez réserver un emplacement jusqu'à la révérence du soleil. Puis prolongez la nuit *al fresco* au restaurant lounge La Salle où l'ambiance se réchauffe progressivement. Attention pour ce dernier, tenue correcte exigée !

Saadiyat Island; accès par Sheikh Khalifa Bin Zayed Highway, à côté du golf, suivre le panneau jaune et blanc • ☎02 656 3500 ou 056 219 2699 • www.saadiyatbeachclub.ae • Beach Day Pass *8h-19h30l : 250 Dhs (375 Dhs le w.-e.) • La Salle (âge 21+) : t.l.j. 17h-1h; verre de vin : à partir de 45 Dhs.*

Buddha-Bar Beach

Bar-restaurant 60 Plan K9

Le Buddha-Bar a trouvé refuge sur la sublime plage de Saadiyat. Le concept reste le même, si ce n'est le cadre qui s'affranchit des murs. La terrasse lounge offre une situation exceptionnelle dans un environnement raffiné et impeccable. Savourez les classiques du genre ou les cocktails signatures au rythme d'une sélection musicale de qualité. Un sans-faute !

The St Regis Saadiyat Island Resort, Saadiyat Island • ☎ 02 498 8888 • www.buddhabarbeachabudhabi.com • Lun.-jeu. 17h-minuit, ven.-dim. 12h-minuit; Saturday Night Brunch 19h-21h, 375-495 Dhs/pers. • Cocktail signature : à partir de 50 Dhs.

Shala

Rooftop 61 Plan K9

Il faut avoir 21 ans pour espérer escalader les quelques marches qui mènent au rooftop du restaurant Beach House. Lové dans des canapés confortables, vous prierez certainement tous les saints pour qu'il se mette à geler et que l'on embrase les charbons ardents des tables braséros. Champagne-chicha sous la voûte céleste, il n'y a plus qu'à tester.

Park Hyatt Abu Dhabi Hotel and Villas, Shati Al Sa'diyat Street, Saadiyat Island • ☎ 02 407 1138 • www.hyattrestaurants.com/en/dining/uae/abu-dhabi/arabic-restaurant-in-saadiyat-island-beach-house-rooftop • Jeu.-dim. 17h-1h ; f. en été • Coupe de champagne à partir de 170 Dhs ; verre de vin à partir de 60 Dhs • Âge : plus de 21 ans.

Hôtels B&B

W Abu Dhabi – Yas Island

Hôtel design

Avez-vous déjà dormi en plein milieu d'une piste de F1 ? Si vous êtes un fan de ce sport, alors c'est un endroit pour vous – un beau cadeau à vous offrir tout de même, dans un environnement design et lumineux.

Yas Drive Street, Yas Island • 02 656 0000 • www.marriott.com/en-us/hotels/auhwh-w-abu-dhabi-yas-island/overview • Entre 580 et 2 500 Dhs.

Park Hyatt Abu Dhabi Hotel and Villas

Hôtel de luxe

C'est l'un des plus beaux hôtels contemporains sur l'île de Saadiyat, situé idéalement entre une plage à l'environnement protégé et un parcours de golf. Ses deux piscines bordées de cabanes privées sont prises d'assaut dès le matin. Levez-vous tôt !

Shati Al Sa'diyat Street, Saadiyat Island • 02 407 1234 • www.hyatt.com/en-US/hotel/united-arab-emirates/park-hyatt-abu-dhabi-hotel-and-villas/abuph • Entre 765 et 4 500 Dhs.

Bab Al Nojoum

Camping de luxe

Un camping de luxe qui vous laisse le choix entre deux emplacements : sur la plage de l'île d'Hudayriyat dans des tentes ou des combis-camping ; ou alors dans des caravanes Airstream ou des containers aménagés (+ vélo prêté) au beau milieu d'un écosystème préservé.

babalnojoum.com

• **Bab Al Nojoum Hudayriyat :** *Hudayriyat Island, Abu Dhabi, à env. 1h30 de Dubaï • 02 691 0222 • Entre 149 et 1 800 Dhs.*

• **Bab Al Nojoum Al Mugheirah Resort :** *Al Mirfa Western Region, Abu Dhabi, à env. 2h de Dubaï • 02 895 3777 • Entre 330 et 1 130 Dhs.*

Shopping Cadeaux

World Trade Centre Mall

Mall et souk

39 Plan J10

Détruit en 2003 dans un incendie, le souk historique de la capitale a laissé place à un mall à l'architecture orientale moderne, où les moucharabiehs (fenêtres en maillage traditionnel) laissent entrer la lumière. Vous y trouverez les enseignes traditionnelles campées sur trois niveaux et un souk typique reconstitué. Deux toboggans géants Velocity permettent une glissade sur deux hauteurs, 68 et 54 m. Attention ça secoue !

Khalifa Bin Zayed the 1st Street • 02 508 2400 • www.wtcad.ae • Dim.-jeu. 10h-22h, ven.-sam 10h-minuit • Velocity: 15 Dhs/ descente, 25 Dhs pour 2 tours.

House of Artisans

Artisanat et design 40 Plan J10

Dans un espace contemporain, des artisans bédouins tissent le *khoos*, à base de feuilles de palmier et le Al-Sadu, un décor utilisé pour les tentes ou sur les selles de dromadaires. Des femmes brodent aussi le talli, un tissu de fils de coton ou de soie entrelacés de fils d'or et d'argent servant aux parures des tenues vestimentaires traditionnelles. Café offert à l'arrivée et boutique de design local en fin de parcours.

Sheikh Rashid Bin Saeed Al Maktoum Street, Al Hosn • 02 697 6400 • www.qasralhosn.ae • Sam.-jeu. 9h-20h, ven. 14h-20h (arrivez avant 18h pour profiter des artisans) • Accès libre.

Al Aqssa Sweets

Confiseur 41 Plan J10

Avec une façade un peu rustre, Al Aqssa Sweets est pourtant une adresse de choix pour acheter des pâtisseries orientales, établie en 1987. Le plus souvent on y est accueilli avec une pâtisserie tout juste confectionnée. Essayez donc de refuser, on s'y opposera avec résistance ! Les prix sont affichés au kilo et en arabe. Sachez donc pointer du doigt.

Salam Street, Tourist Club, à côté du restaurant Bonna Anne, Al Zahiyah Area • 02 644 5322 ou 02 644 2159 • Instagram : @al_aqssa_sweets • T.l.j. 8h-minuit • Spécialités (kunafa et atayef) : de 70 à 90 Dhs/kilo.

Les meilleurs malls d'Abu Dhabi

Dans cette ville à la géographie éparse, vous vous apercevrez que tout ou presque se déroule dans les centres commerciaux. Ne cherchez donc pas la boutique insolite au détour d'une ruelle, votre shopping se concentrera principalement dans les adresses suivantes :

Downtown

Marina Mall • *800 6623 • www.marinamall.ae • Dim.-jeu. 10h-22h, ven.-sam. 10h-minuit.*

World Trade Centre Mall (voir p. 177) • 02 508 2400 • www.wtcad.ae • Dim.-jeu. 10h-22h, ven.-sam. 10h-minuit.

The Galleria Al Maryah Island • 02 493 7400 • www.thegalleria.ae/en/ • Dim.-jeu. 10h-22h, ven.-sam. 10h-minuit.

Abu Dhabi Mall • 02 645 4858 • www.abudhabi-mall.com • Dim.-jeu. 10h-22h, ven.-sam. 10h-23h.

Yas Island

Yas Mall • *800 927 6255 • www.yasmall.ae • Dim.-jeu. 10h-22h, ven.-sam. 10h-minuit.*

Activités Détente

Mangroves d'Abu Dhabi

Les mangroves, constituées d'halophytes (plantes vivant dans l'eau salée), participent à la protection naturelle d'un habitat dense. Un écosystème indispensable pour préserver la biodiversité côtière, favoriser la nidification des espèces aviaires et lutter contre le réchauffement climatique. Il existe 70 km² de ces poumons marins à Abu Dhabi. Parmi les plus visités : le Jubail Mangrove Park sur l'île de Jubail et, en plein cœur de la cité, le Mangrove National Park. Ce dernier compte plus de 19 km² de végétation avec une concentration exceptionnelle de palétuviers, oiseaux et espèces indigènes. Un refuge de tranquillité à découvrir en pagayant. Un conseil : visiter à marée haute.

Eastern Mangrove Promenade : *Sheikh Zayed Bin Sultan Street ; à côté de l'hôtel Eastern Mangroves Hotel and Spa by Anantara • 02 445 4777 • www.ead.gov.ae/en/experience-green-abu-dhabi/places-to-go/mangrove-national-park • T.l.j. 24h/24 • Accès libre • Location de kayak sur place (ou à l'Anantara) • sea-hawk.ae/kayaking ou mws.ae • Tarif : 160 Dhs/2h.*

Jubail Mangrove Park : *Abu Dhabi-Al Falah Road E12 • 02 546 8341 ou 056 303 2423 • https://park.jubailisland.ae • T.l.j. 7h-21h • Visite à pied : 15 Dhs. Sur résa uniquement. Night Glow Kayak à partir de 100 Dhs.*

Mangrove National Park

The National Aquarium Abu Dhabi

Vous découvrirez de belles espèces dans une mise en scène remarquable, dont une coccinelle Volkswagen rétro gorgée de poissons ! Tout au long du parcours, il y a des panneaux ludiques et éducatifs. On apprend par exemple que les soles naissent avec un œil de chaque côté du corps puis, au fil des semaines, l'œil gauche vient se placer juste à côté du droit. Un conseil, prenez un ticket d'entrée simple.

Al Qana Destination, Al Maqta' Street par la E20 Al Khaleej Al Arabi Street, Rabdan Area • 02 418 6666 • https://thenationalaquarium.ae/en • T.l.j. 10h-22h • Entrée : 105 Dhs ; beyond the glass (en coulisse) : 130 Dhs ; Bu Tinah Dhow (sur un bateau) : 150 Dhs.

ABU DHABI

Abu Dhabi est la capitale des ÉAU. C'est l'émirat le plus grand (84 % de la superficie totale) et le plus riche, notamment grâce à ses immenses réserves de pétrole. Il est tellement puissant qu'il finance parfois les importants travaux des autres émirats, comme le Burj Khalifa à Dubaï (p. 64). Cette jolie ville verte a longtemps vécu dans l'ombre de Dubaï et de ses tours démesurées. Aujourd'hui, Abu Dhabi n'a plus rien à envier à sa voisine et scintille bien au-delà des dunes du désert. La ville entreprend, depuis quelques années, des chantiers prodigieusement ambitieux… tout en conservant son âme émirienne.

Abu Dhabi

Des débuts modestes

Il y a 250 ans, la **tribu des Bani Yas** était principalement établie dans les oasis de Liwa (p.153). Vivant au gré des saisons, ils changeaient de campement pour vendre les récoltes de dattes, toujours à l'affût de nouvelles pâtures et de points d'eau. La légende raconte qu'un groupe de chasseurs pistant une *dhabi* (gazelle) découvrit un puits d'eau douce sur une île. Ainsi naquit Abou Dhabi, « père de la gazelle ». Vers 1760, le **sheikh Dhiyab bin Issa** décida d'établir un campement permanent dans la péninsule. Il assura ainsi une ressource idéale pour le clan : eau et réserve de pêche inépuisable. Les Bédouins, nomades, voyageaient toujours beaucoup. Afin de protéger les installations, ils bâtirent un fort, **Al Hosn** (p.168). Un tournant décisif dans l'histoire de l'émirat, qui permit ainsi à la tribu, ancêtre des Al Nahyan, d'acquérir de l'influence politique et économique.

Une montée en puissance tardive

En 1793, Abu Dhabi était un simple village de pêcheurs comprenant un fort, quelques bâtiments de corail et une poignée de huttes en *barasti* (feuilles de palmiers). Le reste de l'émirat était dominé par le désert, parsemé d'oasis comme celles d'Al Ain et de Liwa, au sud. À l'instar de la famille Al Maktoum à Dubaï, les Al Nahyan développèrent alors le commerce du textile et l'industrie perlière. La **ville s'enrichit considérablement à la fin du XIXe s.,** durant l'âge d'or du commerce de la perle. Quand cette activité lucrative s'effondra, en 1926-1929, l'économie d'Abu Dhabi en fut durement affectée et son aura amoindrie. En 1958, les **premiers gisements de pétrole** furent découverts. En 1966, le **sheikh Zayed** organisa un coup d'État contre son frère, jugé incompétent. Il prit le pouvoir et profita de la découverte de l'or noir pour faire construire toutes les infrastructures nécessaires au développement d'un État moderne. Il devint aussi le principal acteur de la création des ÉAU : il fut élu président, et le resta jusqu'à sa mort en novembre 2004. Sheikh Khalifa II bin Zayed Al Nahyan, son fils aîné, prit sa suite.

Le mécène de la culture mondiale

La cité s'est dotée d'**importantes structures de loisirs** sur Yas Island, qui rivalisent sans complexe avec celles de Dubaï : un circuit de Formule 1 (p. 171), d'immenses parcs à thème (p. 171), des salles de concerts (p. 167 et 170), etc. La ville, elle, s'est refait une beauté : une corniche réaménagée, une mosquée fascinante où repose Sheikh Zayed (p. 164)… tout en conservant son patrimoine, Qasr Al Hosn (p. 168). Ces dernières années, Abu Dhabi a surtout investi massivement dans l'éducation, la culture et même **l'environnement.** Saadiyat Island « l'île du bonheur » concentre cette nouvelle ambition. Elle accueille le Manarat Al Saadiyat (p. 170) et bien sûr son fer de lance au succès retentissant, le Louvre Abu Dhabi (p. 169). Dans les cartons, **de nombreux projets** sont à l'étude – ou certains même en cours de construction, avec toujours les plus grands architectes aux commandes : le Zayed National Museum (lord Norman Foster), le Guggenheim Abu Dhabi (Frank Gehry), le Maritime Museum (Tadao Ando), The Performing Arts Centre (Zaha Hadid Architects) et Abrahamic Family House (Sir David Adjaye), une future balise religieuse de compréhensions mutuelles (p. 95). Enfin, la ville pilote Masdar City (p. 147) est la première communauté urbaine durable au monde, elle soutient la transition des ÉAU vers les énergies propres et la diversification de son économie future. Pianotez quelques-uns de ces noms sur un moteur de recherche vous verrez, c'est étourdissant ! ■

ORGANISER SON WEEK-END

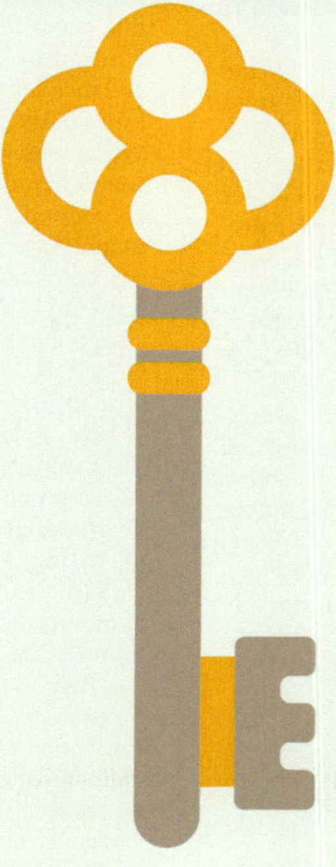

Dubai Marina

Quand partir ?

La **meilleure saison** s'étend de fin octobre à mi-avril avec des températures agréables (20-30 °C); la mer sera un peu froide en jan.-fév. La pluie est assez rare mais parfois violente (env. 15-20 jours/an). L'été (mai-oct.) est chaud et très humide (40-50°C en journée), même durant la nuit. Le pic de chaleur a lieu surtout en juillet et août. La mer avoisine les 35 °C et le sable est brûlant. Les tempêtes de sable ne sont pas fréquentes (vers mars-avril), évitez alors toute excursion.

Se renseigner avant de partir

◗ Ambassade des Émirats arabes unis

2, bd de la Tour-Maubourg 75116 Paris • ☎ 01 44 34 02 00 • https://www.mofaic.gov.ae/en/missions/paris.

◗ Dubai Department of Tourism (DET)

☎ 600 555 559 • www.dubaitourism.gov.ae/en/

◗ Abu Dhabi Department of Culture and Tourism

https://visitabudhabi.ae/en
Consuler aussi : https://abudhabiculture.ae/fr

◗ Pour les excursions autour de Dubaï

Al Ain : *https://visitabudhabi.ae ou www.explorealain.com*
Sharjah : *https://visitsharjah.com*
Fujairah : *www.fujairahtourism.ae*
Hatta : *http://visithatta.com*

Formalités

Passeport et permis de conduire

Les ressortissants des pays membres de l'UE, de la Suisse et du Canada doivent être en possession d'un passeport valide au moins 6 mois après la date de départ. Les enfants mineurs non accompagnés doivent être en possession d'une autorisation de sortie du territoire (formulaire AST sur : www.service-public.fr/particuliers/vosdroits/F1359). Le visa se fait sans frais à l'arrivée, valide 90 jours.

La plupart des permis de conduire européens sont valides aux ÉAU (vérifiez auprès du loueur selon votre nationalité). Il sera parfois nécessaire de posséder un permis de conduire international. (obtention auprès de la préfecture.)

Douane

Si vous venez d'un pays membre de l'UE, vous n'avez pas à déclarer ni à payer de taxes pour vos achats réservés à un usage personnel. Vous êtes tenu de déclarer à votre arrivée aux Émirats ou à votre retour en France les sommes d'un montant égal ou supérieur à 10 000 € (ou leur équivalent en devises). Il est interdit d'apporter la moindre substance illicite, arme à feu ou publication à caractère pornographique. Certains médicaments sont interdits sur le territoire (ex. la codéine) ainsi que les cigarettes électroniques contenant des huiles CBD (plus d'infos sur https://dubai.consulfrance.org). Vous pouvez apporter 4 l d'alcool (non-musulmans uniquement) et 400 cigarettes, 50 cigares ou 500 g de tabac.

Rens. : www.douane.gouv.fr • www.dubaicustoms.gov.ae

Santé

Soyez à jour dans vos vaccins universels. La vaccination contre la typhoïde et l'hépatite A est recommandée. Le paludisme est inexistant sur le territoire mais dans le désert et près des oasis, prenez avec vous un répulsif contre les moustiques et un Aspivenin en cas de piqûre de scorpion (à acheter avant votre départ). Il existe de nombreux praticiens francophones. Liste non exhaustive sur www.dubaimadame.com ou sur https://dubai.consulfrance.org et https://ae.ambafrance.org pour Abu Dhabi.

Assurance

Prévoyez une assurance rapatriement, utile en cas d'accident, car les soins médicaux sont très onéreux aux ÉAU. Ces frais seront remboursables ou non selon la prise en charge de votre assurance et de votre mutuelle.

Comment y aller?

En avion

Dubaï : Dubai International (DXB) au nord de la ville, et Al Maktoum International (DWC), au sud.

Abu Dhabi : Abu Dhabi Airport International (AUH).

Sharjah (SHJ) est intéressant pour ses prix bas, sur des vols avec escale uniquement (notamment à Francfort).

Dubaï : *+ 971 (0)4 224 5555 • www.dubaiairports.ae*

Abu Dhabi : *+ 971 (0)2 505 5555 • www.abudhabiairport.ae/en*

Sharjah : *+971 (0)6 558 1111 • www.sharjahairport.ae/en*

Air France

Plusieurs vols quotidiens directs vers Dubaï et Abu Dhabi au départ de Roissy-CDG, ou avec une escale à Amsterdam-Schiphol (via KLM).

09 69 39 36 54 (appel non surtaxé) et 36 54 (surtaxé) • www.airfrance.fr

Emirates

La compagnie émirienne dubaïote propose plusieurs vols quotidiens directs au départ de Roissy-CDG, Nice, Lyon, Bruxelles, Genève et Zurich, à destination de Dubaï (avec escale pour Abu Dhabi).

01 57 32 49 99 • www.emirates.com

Etihad

C'est la compagnie émirienne d'Abu Dhabi. Plusieurs choix de vols directs ou avec escale au départ de Roissy-CDG (avec escale depuis plusieurs villes françaises).

01 57 32 43 43 • www.etihad.com

Oman Air

Vols quotidiens au départ de Roissy-CDG et de Zurich, à destination de Dubaï et d'Abu Dhabi. Chaque vol fait une escale à Muscat en Oman.

01 47 64 21 50 • www.omanair.com

Bon à savoir

Heure locale

L'hiver, il y a 3h de décalage entre la France et Dubaï (lorsqu'il est midi à Paris, il est 15h à Dubaï), et 2h en été.

Voltage

Le courant est le même qu'en France (220 volts), mais les prises électriques ont trois fiches (type anglo-saxon). Munissez-vous donc d'un adaptateur.

Wi-Fi

De nombreux restaurants, bars et hôtels offrent la connexion Wi-Fi, il suffit de demander le mot de passe. Dans les malls ou les aéroports, connectez-vous directement sur le réseau, parfois en créant un compte.

Dormir à Dubaï

Dans quel quartier loger ?

Pour un séjour dans l'ambiance animée et authentique du vieux Dubaï, privilégiez les hôtels souvent bon marché de **Deira** et **Bur Dubai**. Plus centraux et à prix variables selon le standing, les hôtels situés dans **Downtown** et **aux abords de Sheikh Zayed Road** sont près des métros et pratiques pour les sorties. Pour profiter du bord de mer, prévoyez un budget confortable et choisissez les hôtels et resorts de Jumeirah, Dubai Marina et JBR et The Palm Jumeirah.

Classification

À Dubaï existent les standards habituels (catégorie moyenne ou supérieure, appartements-hôtels) et de véritables palaces, il y a aussi des *guest houses* (B & B) et la plateforme de réservation entre particuliers AirBnB. Chaque hôtel fournit gratuitement au moins deux bouteilles d'eau par jour. Les chambres avec vue sont toujours plus chères.

Tarifs et réservations

C'est entre mai et septembre que les **réductions** sont les plus intéressantes. Le taux de remplissage peut aussi jouer sur les promotions de dernière minute. **Réservez longtemps à l'avance** pour un séjour pendant les fêtes (Aïd, Fête Nationale,...) et particulièrement autour du 31 décembre, période très prisée. Les prix des chambres sont généralement **affichés hors taxes** et petit déjeuner ; pensez à ajouter la TVA (5 %) et les taxes hôtelières : 10 % pour le service, 10 % pour la municipalité et de 7 à 20 Dhs/jour de taxes de séjour.

Handicap

La plupart des grands sites touristiques, les transports, les musées, les hôtels et les restaurants favorisent l'accès aux personnes à mobilité réduite. Les files d'attente sont souvent écourtées (quel que soit le handicap) et certaines visites sont gratuites, accompagnateur inclus, comme à Dubai Frame ou au Louvre Abu Dhabi. Vérifiez les conditions d'accès sur les sites Internet sous la dénomination *disabled visitors* ou *people of determination.*

Se déplacer

Rejoindre le centre-ville

Depuis Sharjah, Abu Dhabi et Dubaï, le taxi reste la solution la plus pratique. La moins onéreuse, c'est le bus, mais les horaires et gares desservies sont aléatoires. Le métro est rapide et bon marché, si votre hôtel est proche d'une station.

Arriver à Dubaï depuis DWC	Prix	Durée
En taxi Le prix et la durée de la course varieront selon la destination, estimation de la course sur : ***https://www.dubaitaxi.ae/en/Our-Services/Fare-Calculator***		
En bus ◗ entre le terminal DWC et Ibn Battuta : bus RTA n° F55 ◗ entre le terminal DWC et Al Ghubaiba : bus de nuit RTA n° N55 Vous devez vous procurer un ticket Nol Card avant de monter dans le bus, disponible dans les stations de métro, revendeurs agréés ou en ligne.	◗ 5 Dhs ◗ 7,50 Dhs	◗ 37 min ◗ 115 min

Arriver à Dubaï depuis DXB	Prix	Durée
En taxi En dehors des heures de pointe (7h30-10h et 17h-19h) ◗ Pour une course vers Bur Dubai et Deira ◗ Pour une course vers Downtown ◗ Pour une course vers Jumeirah ◗ Pour une course vers Dubai Marina	 ◗ env. 60-70 Dhs ◗ env. 60-70 Dhs ◗ env. 75-100 Dhs ◗ env. 100-130 Dhs	 ◗ 15/20 min ◗ 20/25 min ◗ 25/30 min ◗ 35/45 min
En métro Depuis le terminal 1 ou 3, la Red Line vous mènera aux quartiers : ◗ de Deira ◗ de Downtown ◗ de Jumeirah ◗ et plus au sud de Dubai Marina (voir le plan des transports, sur le plan détachable) Vous devrez auparavant acheter la Nol Card aux machines situées à l'entrée du métro.	 ◗ 5 Dhs ◗ 5 Dhs ◗ 7,50 Dhs ◗ 7,50 Dhs	 ◗ 24 min ◗ 35 min ◗ 45 min ◗ 60 min
En bus ◗ entre le terminal 1 et Satwa : bus RTA n° 32C ◗ entre le terminal 1 et Gold Souq : bus RTA n° 11A Vous devrez vous procurer un ticket Nol Card avant de monter dans le bus, disponible dans les stations de métro, revendeurs agréés ou en ligne. ***Voir toutes les lignes sur https://www.rta.ae/wps/portal/rta/ae/public-transport/journeyplanner***	 ◗ 5 Dhs ◗ 3 Dhs	 ◗ 40 min ◗ 38 min

Sur place

Le taxi

C'est le mode de transport le plus pratique (et encore abordable !) pour visiter tous les sites de Dubaï, souvent éloignés les uns des autres. Les règlements se font en espèces ou par carte de paiment. Les taxis nationaux (beiges) sont tous équipés d'un compteur : la prise en charge est de 5 Dhs puis 1,82 Dhs/km (12 Dhs sur réservation et 25 Dhs de l'aéroport puis 1,96 Dhs) ; une majoration supplémentaire pour les trajets de nuit vous sera imposée. Enfin, à Dubaï, on s'oriente grâce aux repères et au nom du quartier, donc, ne pas hésiter à donner une adresse au plus proche des principales attractions (hôtel, centre commercial ou monument, etc).

Estimation de la course sur : ***https://www.dubaitaxi.ae/en/Our-Services/Fare-Calculator***

Roads & Transport Authority : *800 90 90 et 04 284 4444 • www.rta.ae*

National Taxi : *04 339 0002 • www.nationaltaxi.ae*

Dubai Taxi Coorporation : *800 880 88 • www.dubaitaxi.ae ou course planifiée sur DTC Smart App ; ils fournissent aussi des limousines et les Pink Taxis (toiture rose), conduits par des chauffeurs féminins pour les femmes ou les familles.*

Ne prenez jamais les taxis sans compteur sauf s'il s'agit de VTC avec licence.

Uber : www.uber.com/en-AE/cities/dubai/
Careem : www.careem.com/en-ae/

Titres de transport

Pour planifier vos transports en commun à Dubaï, utilisez le planificateur de voyage de RTA. Vous entrez votre point de départ et d'arrivée ou le numéro du bus pour connaître tous les arrêts.

Pour tous vos déplacements RTA (incluant les trajets marins) et à l'exception du taxi, vous devrez acquérir la Nol Card. Elle est disponible dans toutes les stations de métro, les dépôts de bus et la plupart des centres commerciaux et supermarchés. Ensuite, vous la rechargerez selon ce que vous souhaitez ; le prix du trajet dépend de la zone dans laquelle vous voyagez et de la classe choisie. Vous pouvez aussi acheter des tickets à l'unité, mais ils coûtent généralement plus cher. Les trajets sont gratuits pour les enfants de moins de 5 ans.

Rens. : www.rta.ae/wps/portal/rta/ae/public-transport/journeyplanner ou avec l'application RTA Dubai.

Nol Card Red Ticket est la formule la plus utile pour votre séjour : carte de 2 Dhs, rechargeable avec un maximum de 10 trajets ou 5 pass journaliers. Validité : métro, bus et tramway.

Coût du trajet Regular Class : 1 zone 4 Dhs, 2 zones adjacentes 6 Dhs, plus de 3 zones 8,50 Dhs (8, 12 et 17 Dhs en Gold Class)

Personnal Card : c'est la formule supérieure, carte de 70 Dhs avec crédit de 20 Dhs, rechargeable de façon illimitée pendant

5 ans. Validité : tous types de transport RTA, sauf le taxi.

Coût du trajet Regular Class : 1 zone 3 Dhs, 2 zones adjacentes 5 Dhs, plus de 3 zones 7,50 Dhs.

Des formules grands voyageurs existent aussi comme la Nol Silver Card ou la Nol Gold Card, plus adaptées aux résidents.

Le métro

Il est automatisé, rapide, climatisé, propre et ses tarifs sont légèrement moins chers qu'ailleurs. L'un des wagons est réservé exclusivement aux femmes et aux enfants. Seul inconvénient : certains quartiers sont très éloignés. Le réseau est constitué de deux lignes et découpé en sept zones : la Red Line (du nord-est au sud ainsi qu'un embranchement vers Expo 2020) et la Green Line (au nord-est entre Deira et Bur Dubai).

Lun.-jeu. et sam. 5h-minuit, ven. 5h-1h, dim. 8h-minuit

Le bus

119 lignes de bus sillonnent la ville. Ils sont bien équipés mais parfois bondés et peu réguliers. Le nom de chaque arrêt est signalé à l'arrêt de bus (simple pancarte ou abribus climatisé). Pour connaître un trajet entre un point A et un point B, rendez-vous sur le planificateur de journée de RTA. À noter que les lignes X sont des bus express, évitant certains arrêts. T.l.j. 4h-1h (jour suivant).

Rens. : www.rta.ae/wps/portal/rta/ae/public-transport/journeyplanner

Le bateau

Dans les quartiers de Bur Dubai et Deira, le long de la Creek, les *abras* vont d'une rive à l'autre pour 1 Dh ; des tours en *abra* (à partir de 2 Dhs) sont aussi proposés près de sites touristiques comme à Al Seef, Dubai Fountain, Dubai Marina, Madinat Jumeirah…
Dans un registre beaucoup moins authentique et bien plus cher, il y a les *water taxi* (de 60 à 560 Dhs), qui circulent tous les jours de 10h à 19h et desservent 44 stations du nord au sud de la ville. Les *water bus*, eux, sont nettement moins chers (tarif Nol Card 3-11 Dhs) et circulent sur quatre lignes différentes à Dubai Marina, tous les jours de 10h à 23h. Enfin, Dubai Ferry propose différentes routes (de 50 à 75 Dhs) réparties sur trois lignes : FR1, FR3, FR4.

Réservations et plus d'infos : ☎800 9090 • www.rta.ae et www.dubai-ferry.com

Le tramway

Le Dubai Tram fait une boucle autour de la marina, JBR (Jumeirah Beach Residence) et aussi les quartiers de l'entrée de la Palm jusqu'à Al Sufouh. Il fait la jonction avec deux stations de métro (DMCC, Sobha Realty) et le Palm Monorail. Les tickets sont les mêmes que ceux du métro (Nol Card). Attention, en revanche, le ticket du tramway ne donne pas accès au monorail de Palm Jumeirah.

www.alsufouhtram.com • www.rta.ae • Ticket : 4-8,50 Dhs • T.l.j. 6h-1h (sam. 9h-1h).

Le vélo

Pistes cyclables

Vous trouverez des circuits et des pistes cyclables sur la Creek, la Palm, la marina, le long de Jumeirah Beach Road (entre Al Hudaiba Road et Madinat Jumeirah), sur les plages d'Umm Suqeim, autour de Downtown et à Dubai Canal. Pour des excursions plus insolites, vous pouvez aussi emprunter d'anciennes pistes de dromadaires (Nad Al Sheba Park), longer le désert (Al Qudra Cycle Track) ou grimper les montagnes d'Hatta. Quelques pistes aménagées à Abu Dhabi : Saadiyat Island vers le Louvre, Yas Island, la Corniche, Al Hudayriat Island et, plus insolite, le circuit de F1.

Rens. : *www.rta.ae/wps/portal/rta/ae/home/about-rta/cycling-track , www.yasmarinacircuit.com*

Application smartphone utile : *www.mapmyride.com/app/*

Locations

Il existe de nombreux loueurs de vélos, certains sont aux abords des sites (Hatta, Al Qudra). Pour les autres, il vous faudra un 4×4 pour vous rendre sur le site et retourner les vélos en boutiques.

Dubaï : *https://wbs.ae • www.q8byky.com ; Motor City : http://thecyclehub.com • https://rcdxb.com*

Hatta : *https://www.visithatta.com/en/play/mountain-biking*

Al Qudra : *www.trekbikes.ae ; www.firstride.ae*

Abu Dhabi : *www.yascycles.com*

Vélos électriques, bornes et tarifs sur www.careem.com/en-ae/careem-bike/

Trottinettes et vélos électriques sur l'App FENIX Mobility & Deliveries Instagram @fenix_mena

À pied

Il existe quelques voies piétonnes. Les promenades se font généralement au nord, le long de la Creek et Al Seef ; au centre, à Downtown, Dubai Canal, Safa Park et City Walk ; le long des plages de Jumeirah et Umm Suqeim ; à Dubai Marina ; sur la Palm à The Boardwalk ou Al Ittihad Park ou encore vers la promenade de JBR The Walk et The Beach.

Louer une voiture

Si le trafic peut vite devenir dense et les échangeurs paraître compliqués, le réseau routier est excellent et les panneaux de circulations sont en anglais. Aussi avec un GPS (en supplément), vous pourrez tout à fait vous en sortir ! Les prix des agences sont intéressants et compétitifs (kilométrage illimité et l'assistance routière 24h/24 inclus).
Il existe aussi deux compagnies d'autopartage, Udrive et Ekar. Enfin, sachez que le covoiturage *(carpooling)* n'est plus permis et qu'il y a de nombreux radars aux Émirats. Respectez les limitations !

www.hertz.ae • www.europcardubai.com • www.arguscarhire.com • www.thriftyuae.com • www.budget-uae.com • www.sixt.ae • En catégorie luxe : https://paddockrentacar.com • Autopartage : https://ekar.app/ae/en/carshare • www.udrive.ae

De Dubaï à Abu Dhabi

En voiture, il faut compter environ 1h 20 pour effectuer les 130 km de trajet via la route E11. Le taxi vous coûtera de 250 à 300 Dhs. Enfin, vous pouvez également prendre un bus (départ toutes les 15 à 30 min, 25 Dhs le trajet), le E101 depuis Ibn Battuta Bus Station (durée 100 minutes) ou le E100 depuis Al Ghubaiba Bus Station (durée 135 minutes). Il existe des navettes gratuites entre Dubaï et Abu Dhabi si vous voyagez avec les compagnies aériennes Emirates ou Etihad. www.rta.ae.

À voir, à faire

Office de tourisme

Il n'existe pas d'office de tourisme à proprement parler à Dubaï. Des espaces d'information aux touristes sont accessibles dans les aéroports et principaux malls de la ville.

www.visitdubai.com/fr

Visites guidées

Des agences de voyages proposent différentes formules de sorties, excursions, safaris, parcs à thème, spectacles…

Week-ends et jours fériés

Aux Émirats, les jours de week-end sont les samedis et dimanches. Certains établissements sont fermés le vendredi. Les fêtes religieuses (mobiles et susceptibles de se décaler d'un jour) sont souvent l'occasion de jours fériés. Mais c'est surtout pendant le **ramadan** que la ville change de rythme : les horaires indiqués dans notre ouvrage sont susceptibles de changer à cette période; les concerts sont interdits et les discothèques sont fermées. La ville prie le jour et se réveille à la tombée de la nuit. Pensez à vous renseigner : https://publicholidays.ae

- **Nouvel an (calendrier chrétien)** : 1er jan.
- **Al Hijra ou Hégire (nouvel an musulman)** : 19 juil. 2023, 7 juil. 2024.
- **Fête nationale** : 2 et 3 déc.
- **Al Mawlid (naissance du Prophète)** : 27 sept. 2023, 15 sept. 2024.
- **Ramadan (mois de jeûne et de prière)** : du 22 mar. au 21 avr. 2023, du 11 mar. au 10 avr. 2024.
- **Eid al-Fitr ou Aïd al-Fitr** : 20 avr. 2023, 8 avr. 2024. 29 mar. 2025. Il célèbre la fin du mois du ramadan par 2-4 jours de congés à travers tout le pays.
- **Eid al-Adha ou Aïd al-Kebir (fête du sacrifice)** : 28 juin 2023, 16 juin 2024, 6 juin 2025. La fête la plus importante de l'islam (3 jours fériés env.), en souvenir de la soumission totale d'Ibrahim à son dieu.

En français

My Tour Studio

Nathalie Van de Vrede propose des excursions (Dubaï, Abu Dhabi, Sharjah et Ras Al Khaimah) axées sur les contrastes et la diversité culturelle des ÉAU : quartiers traditionnels, architecture, découvertes insolites ou désert. Pilotée par des guides (la plupart francophones) et des chauffeurs licenciés du département du tourisme, l'agence est aussi accréditée par la chambre de commerce.

📞0585220807 • www.mytourstudio-dubai.com • Demande de devis par e-mail : reservation@mytourstudio-dubai.com

Tour architecture : *4h, 1450 Dhs pour 4 pers. (inclus : entrée musée Etihad, guide francophone et voiture Tesla avec chauffeur); safari faune et flore et feu de camp : 1750 Dhs pour 2 pers.*

Tour de bateau : *découverte de la ville depuis le golfe, 4 à 5h, 2500 Dhs pour 2 pers. (inclus guide francophone et collation).*

Arabian Spirit

📞0543006650, et de France 📞06 49 27 46 69 • www.arabianspirit.com • Demande de devis par e-mail : info@arabianspirit.com

En anglais

Sheikh Mohammed Centre for Cultural Understanding

(voir p. 27) propose des visites guidées à pied : Heritage Tour (visite d'une mosquée et d'un musée ; 90 min, 100 Dhs), visite de Jumeirah Mosque (1h15, 35 Dhs).

📞04 353 6666 • www.cultures.ae

Absolute Adventures

📞04 392 6463 • www.adventure.ae/en

Arabian Adventures

📞04 321 6565 ou 📞 971 4 274 8803 (via l'application WhatsApp) • www.arabian-adventures.com.

Arabian Nights Tours

📞04 321 6565 • https://arabiannightstravel.com

Platinum Heritage (p. 154)

📞04 440 9827 • www.platinum-heritage.com

Gulf Ventures

📞04 274 8080 • www.gulfventures.com

En bus de tourisme

Avec la formule Hop on/Hop off (tickets valables 1, 2, 5 jours ou pour une sortie de nuit). Les commentaires enregistrés sont disponibles en douze langues. Le bus propose une cabine climatisée ou des sièges en plein air. Vous pouvez monter et descendre quand vous le souhaitez avec l'accès à deux itinéraires différents et, selon la formule choisie, un tour en *dhow*, The Lost Chambers Aquarium et un coucher de soleil dans le désert …

Big Bus Tours : *📞04 340 7709 • www.bigbustours.com • À partir de 52 € (les prix sont en €, £ ou $).*

En bateau

The Yellow Boats

Quatre types de tours autour de la Palm Jumeirah, du Burj al-Arab et de la marina allant de 150 Dhs les 45 min à 299 Dhs les 99 min.

Dubai Marina Walk (Emirates Palace Marina ou Yas Marina à Abu Dhabi • 📞800 892 et 📞+ 971 4 432 8543 depuis la France • www.theyellowboats.com.

Bristol Charter

Possède toute une flotte de bateaux, catamarans, *dhows* et des formules pour tous les budgets.

Dubai Marina Walk, en face du café Bateel • 04 368 2480 • www.bristolcharter.net

En cas d'urgence

Ambassade de France aux ÉAU (Abu Dhabi) : Etihad Towers, Office Tower (Tower n° 3), level 22, Corniche West (J10) • 02 813 1000 • https://ae.ambafrance.org

Consulat général de France à Dubaï : Habtoor Business Tower, level 32, Dubai Marina (B5) • 044084900 • https://dubai.consulfrance.org

Ambulance : 998.

Police : 999.

Pompiers : 997.

Tourist Security : 901

Hôpitaux : pensez à toujours vous munir de votre passeport et de votre carte d'assurance si vous en possédez une.

- **American Hospital :** Oud Metha (E1) • 04 377 5500, www.ahdubai.com.
- **Cleveland Clinic (Abu Dhabi) :** Al Maryah Island • 800 222 33, www.clevelandclinicabudhabi.ae/en.

• 1h de dhow cruise : adulte 60 Dhs; enfant 30 Dhs, catamaran à partir de 120 Dhs • Résa conseillée.

Hero OdySea

Explorez vous-même la côte en pilotant de petits hors-bord rapides, tout en vous laissant guider par un chaperon. 45 à 90 min de traversée à un rythme audacieux. Prix par bateau tandem 495 Dhs/45 min. ou 70 Dhs/90 min.

Dubai Harbor, Marina zone C • 04 440 9827 et 05 4425 4995 (via l'application WhatsApp) • www.hero-dubai.com.

Costa Azzurra

Costa Azzurra propose une expérience unique à The Pointe sur des E-Catamarans électriques de poche, au look de bateau à pédales ultra-design. 100 Dhs pour 15 mn/pers. (175 Dhs les 30 mn). Maximum 2 pers.

The Pointe, Palm Jumeriah • 050 737 0679 • www.costaazzurra.ae.

Hydro Water Sports

Croisières, location de yacht, jet-ski (750 Dhs/30 min.) et de nombreux sports d'eau tel que le Flyboard (450 Dhs/30 min.), liftboard, wakeboard, banana boat (200 Dhs/15 min) …

Nombreux points de location dans les hôtels entre Jumeirah et la Palm • info@hydro-watersports.cm • https://hydro-watersports.

Dans les airs

Heli Dubai

Quatre types de tours en hélicoptère : Iconic (12 min, 646 Dhs/pers.), The Palm (17 min, 855 Dhs/pers.), Vision

(22 min, 1170/pers.) et The Grand (30 min, 1607 Dhs/pers.).

☎ 0800 359 ou ☎ 050 175 8626 (via l'application WhatsApp) • www.helidubai.com.

Falcon Tours

Six formules au choix avec un premier prix à 649 Dhs/siège pour une durée de 12 min Pearl Heli Tour. Départs à partir d'Atlantis, The Palm.

☎ 800 759 • https://falconhelitours.com.

Skydive Dubai

Ce spot réputé pour ses chutes libres au-dessus de la Palm vous propose aussi des vols en Gyrocopter, des appareils ultra légers. Vous serez seul avec le pilote pour une expérience de 20 min. à 999 Dhs, photos et vidéos incluses.

☎ 04 377 8888 • www.skydivedubai.ae.

Règles et conseils de savoir-vivre

Tenue vestimentaire

Vous n'avez pas à vous voiler, ni à changer votre garde-robe, simplement à l'adapter aux circonstances et aux lieux que vous visitez. Évitez généralement les tenues courtes et transparentes. Débardeurs, shorts et jupes sont acceptés dans la plupart des lieux publics, sauf dans certains restaurants chic ou dans les mosquées. À l'entrée des malls, une pancarte vous rappellera qu'il faut couvrir vos épaules, cependant la tolérance est de mise. À la plage, le monokini est bien évidemment proscrit.

Attitude

Ne montrez pas du doigt ; soyez respectueux ; ne proférez aucun blasphème ou insulte. Ne photographiez jamais personne sans avoir demandé l'autorisation au préalable (ni les bâtiments publics) ; enfin, évitez toute marque d'affection en public.

Licence d'alcool et stupéfiants

Pour consommer de l'alcool dans un endroit licencié tel que les bars ou les hôtels, vous devez être âgé de 21 ans et ne pas être de confession musulmane. Vous devez posséder une licence pour pouvoir en acheter chez les revendeurs agréés (vous n'en trouverez pas en supermarché). La licence touriste est gratuite, valide 30 jours et l'obtention se fait immédiatement en remplissant un formulaire. Sachez que tout état d'ébriété à pied comme en voiture est sévèrement puni (grosse amande et même prison), idem pour les substances illicites et même certains médicaments (n'oubliez pas votre certificat médical) !

Revendeurs et licence : *www.africaneastern.com • www.mmidubai.com • Achat en ligne : www.legalhomedelivery.com.*

Balloon Adventures

Expédition en montgolfière en plein cœur du désert dès le lever du soleil. Le vol dure 1h (15 sept.-31 mai), mais prévoyez une demi-journée pour l'ensemble de l'excursion. La formule comprend une balade en 4×4 rétro, retraite dans un *heritage camp* et petit déjeuner sur place.

04 440 9827 • www.balloon-adventures.com • Enfant min 5 ans. Résa indispensable • Résa 3 jours à l'avance • Prix adulte : 1250 Dhs; enfant : 1100 Dhs (transport depuis votre hôtel sur le lieu du décollage compris).

Excursions dans le désert

Une sortie dans le désert (à 45 min du centre) **ne s'improvise pas,** ne prenez jamais le risque de partir seul. Partez au moins à deux voitures et prévoyez **un minimum de ravitaillement et d'équipement** car un ensablement est vite arrivé (GPS, corde, pelle, Aspivenin, et beaucoup d'eau !).

Nous vous recommandons vivement de faire appel aux professionnels. De nombreux tour-opérateurs proposent des excursions dans le désert et leurs prestations sont assez similaires. Ils viennent vous chercher à votre hôtel, et sur place est servi un buffet, suivi d'un spectacle (danse du ventre, fauconnerie, henné, tour à dromadaire…). Certains, comme Platinum Heritage (p. 154), se distinguent en organisant des journées en plus petits groupes et surtout dans un meilleur respect de l'environnement.

Rens. : voir p. 155. et les adresses des visites guidées p. 192.

Écrire et téléphoner

Les **bureaux de poste** sont ouverts lun.-ven. 8h-15h30. Comptez 6 à 14,50 Dhs de timbre pour une carte postale vers la France (env. 10 jours). Voir aussi les conciergeries d'hôtels.

Emirates Post Groupe : *600 5 99999 • www.emiratespost.ae.*

Pour téléphoner aux ÉAU depuis la France : 00 971 (indicatif des ÉAU) + code régional (4 pour Dubaï, 2 pour Abu Dhabi) + les 7 chiffres du numéro local.

Pour téléphoner à l'intérieur des ÉAU : 04 ou 02 + les 7 chiffres du numéro local (05 vers un téléphone mobile).

Pour appeler la France depuis les Émirats : 00 33 + numéro de votre correspondant (sans le 0).

Une carte Free Tourist Sim de 1GB vous sera offerte à l'arrivée. Rens. www.du.ae/tourist ; vous pouvez aussi acheter une carte Sim 5G dans les quartiers populaires et les épiceries de quartier pour 10 Dhs minimum (puis ajouter du temps de crédits) ou dans les supermarchés pour 25 Dhs minimun.

Vous pouvez utiliser librement tous les réseaux sociaux. Prenez garde, cependant, à ce que vous postez et veillez à rester respectueux. Les moyens de communication tels que FaceTime, Skype, WhatsApp vidéo ne fonctionnent pas. Seul les appels par l'application Botim peuvent aboutir ou les plateformes de vidéoconférences tel que Zoom.

Et le budget ?

Dubaï, comme Abu Dhabi, sont des **destinations haut de gamme**. Une nuit à l'hôtel coûte le plus souvent 500-800 Dhs ; un repas au restaurant 150-200 Dhs pour le déjeuner (sans l'alcool) et même 800 Dhs le soir. Les principaux sites sont payants (100 Dhs en moyenne). Mais l'accès aux musées publics est peu onéreux et de nombreuses plages sont accessibles gratuitement.

Comment payer ?

La monnaie est **le dirham des Émirats arabes unis** (Dhs ou AED). La conversion approchante est de diviser le nombre de dirhams par 4. Les cartes bancaires sont acceptées presque partout sans minimum d'achat. Au distributeur automatique, une commission d'env. 2,5 % sera prélevée sur chaque retrait (variable selon votre banque). Dans les quartiers populaires, veillez à avoir **des espèces** pour vos achats dans les souks et les échoppes. Le système Apple Pay est disponible dans certains endroits.

Pour changer votre argent, vous trouverez un peu partout dans la ville des **bureaux de change** ; ils appliquent un meilleur taux que les banques et les hôtels. Cependant, à votre arrivée, il vaut mieux avoir déjà quelques dirhams pour payer votre taxi, sauf si vous payez en carte – évitez les bureaux de change de l'aéroport dont les commissions sont élevées. Les plus intéressants restent les bureaux de change du vieux Dubaï. L'un est situé juste devant la station d'*abras*, à proximité du Souk Al Kabeer de Bur Dubai ; le second, à l'entrée du Gold Souk (Deira).

Combien ça coûte ?

Tour en *abra* : 1-2 Dhs

Entrée au musée : 25-150 Dhs

Trajet en métro : 6-17 Dhs

Verre de vin : 50-100 Dhs

Tour en *dhow* : 60 Dhs -100 Dhs

Entrée dans un parc public : 3-5 Dhs

Thé *karak chaï* : 2-20 Dhs.

Taxes et pourboires

Il existe une taxe municipale de 10 %, une TVA de 5 % et 10 % pour le service (pas toujours reversée !). Vérifiez que les prix affichés sur la carte incluent ces taxes, car ce n'est pas toujours le cas. Il est courant de laisser un pourboire pour le service (env. 5 %), souvent de qualité. La carte bancaire est acceptée presque partout, mais prévoyez des espèces pour les échoppes des souks ou de Satwa.

Où manger ?

Au menu

À Dubaï, les **cuisines du monde sont à l'honneur**, à l'image des nationalités qui y cohabitent. Sur le pouce, brunch à volonté ou expérience gastronomique, vous trouverez une variété de saveurs infinies. La cuisine émirienne s'inspire largement de ses voisins (Inde, Iran, Liban), reflétant l'influence des mouvements migratoires. Au menu, des biryanis, des mezze et des desserts à base de dattes *(luqaimat, mohalla)*. **La viande et le lait de dromadaire** restent une curiosité culinaire. Enfin le rituel du **café**, souvent épicé, est bien ancré dans la culture traditionnelle, qu'il est souhaitable d'honorer si vous y êtes convié.

En pratique

La majorité des restaurants sont situés dans les malls et les hôtels, mais les temps changent et les enclaves branchées fleurissent. **Le service se fait souvent en continu.** Dans les lieux prisés, une **tenue correcte est exigée** et la **réservation conseillée**, surtout le week-end. Il existe parfois des zones fumeurs et les autorités ont élargi les zones de licence d'alcool, initialement cantonnées aux hôtels ou à DIFC. Attention, tolérance zéro au volant. En période de ramadan, tous les restaurants ne sont pas ouverts la journée et il est interdit de boire, manger ou fumer en public. Préférez les eaux locales en bouteilles à **l'eau du robinet** (dessalée), plus sûres.

Les tarifs

Sachez que Dubaï n'est pas une destination bon marché, c'est un véritable challenge de manger pour quelques dirhams. Les **petits budgets** exploreront les vieux quartiers de Dubaï, où la cuisine cosmopolite proposée est peu chère (10-30 Dhs). Les malls disposent de *food courts*, des comptoirs de restauration rapide (env. 40 Dhs). Un repas dans un **restaurant de moyenne gamme** coûte 150 Dhs par pers., tandis que dans un **établissement chic**, les prix peuvent s'envoler (min. 300 Dhs par pers.).
Sachez enfin que les eaux

importées et l'alcool augmentent copieusement la note finale.

Où sortir ?

Si vous voulez **danser toute la nuit**, rapprochez-vous de Downtown et de Meydan Racecourse avec ses immenses boîtes de nuit et ses bars aux vues spectaculaires. Pour une ambiance plus « bord de mer » et toujours aussi **festive**, rejoignez le Madinat Jumeirah, la Palm Jumeirah ou Dubai Marina et JBR. Pour assister à un **spectacle de danse**, **une pièce de théâtre ou un concert**, dirigez-vous vers les salles du World Trade Centre, Dubai Opera ou l'immense Coca-Cola Arena. Choisissez les soirées plus underground d'Al Quoz pour découvrir les jeunes talents de la scène locale et le cinéma indépendant. À Abu Dhabi, régalez-vous de ballets ou de concerts de musique classique à l'Emirates Palace Auditorium. Les concerts des stars internationales se donnent quant à eux au Etihad Park et Etihad Arena.

Dubaï, la nouvelle « city of light » ?

Dubaï aime tout ce qui brille et le fait savoir. La ville détient plusieurs records mondiaux de feux d'artifice comme en 2014, où plus de 400 000 fusées ont été tirées dans plus de 400 lieux pour le nouvel an ! Chaque soir, Dubaï s'illumine de mille feux : pour ne citer qu'eux, les fontaines de Downtown Dubai, les festivals animés sur la Creek de Deira, la fête des lumières à Sharjah, le jeu d'eau et de lumières pour les petits sur le promenoir de la Marina, les éclairages psychédéliques d'Ain Dubai et Burj al-Arab, et même les maisons émiriennes revêtues de leurs guirlandes pour célébrer les fêtes...

Réserver un spectacle

Pensez à réserver vos places de concert ou de spectacle à l'avance, car les guichets affichent parfois complet. Le plus pratique, c'est en ligne sur www.platinumlist.net, www.ticketmaster.ae et www.virginmegastore.ae ou tickets.virginmegastore.me/ae

Sortir, mode d'emploi

La majorité des bars proposent l'***happy hour*** avec des consommations à moitié prix ou une offerte pour une achetée. Le ***Ladies Night*** (consommations gratuites ou offres préférentielles pour les dames) est assez courant, jours variables selon les lieux de sortie. Dans les bars et les clubs, **une tenue correcte** est exigée, pas de tongs ni de short, sinon vous n'entrerez pas !

Respectez la réglementation !

La consommation d'alcool (pour les non-musulmans) **et l'entrée dans les clubs sont autorisées à partir de 21 ans.** Veillez toujours à avoir une pièce d'identité sur vous. Certains bars et restaurants refusent aussi les mineurs, même accompagnés. Pendant le ramadan, aucune boisson alcoolisée n'est servie avant 20h et les clubs sont fermés. Gardez bien à l'esprit certaines **règles de bonne conduite** pour éviter les déconvenues judiciaires. Pas de boissons sur la voie publique ni au volant (seuil de tolérance zéro). Et ne soyez jamais discourtois (en toute occasion !). Sachez qu'il y a très peu d'insécurité et d'incivilités, en particulier à l'égard des femmes.

Les soldes

Voilà une manière avertie de planifier vos vacances ! Si vous passez à Dubaï durant le Dubai Shopping Festival (janvier) ou le Dubai Summer Surprises (juin-juillet), vous pouvez être certain que vous aurez besoin d'une valise supplémentaire au retour de votre séjour ! Les mois du DSF et du DSS, c'est même tout le pays qui est en soldes ! La mode, la déco, le hight-tech, etc., sont quasiment bradés : entre moins 20 et moins 75 % sur le prix original.

www.mydsf.ae

www.visitdubai.com/en/whats-on/dss

Où faire son shopping ?

Si l'on devait dresser une carte approximative de la mode à Dubaï, le **quartier des tendances et du luxe** se trouverait tout au long de Sheikh Zayed Road, dans ses gigantesques malls, passage obligé pour trouver les enseignes internationales. Pour les **adresses plus pointues et les créateurs,** rendez-vous plutôt vers Al Quoz, City Walk, Jumeirah et Umm Suqeim. Enfin, tout **ce qui est bon marché** se trouve vers Satwa, Bur Dubai et Deira, avec ses tailleurs, ses bazars et ses souks.

Horaires d'ouverture

Chaleur oblige, le monde arabe ne dort pas, ou tard. La population fait souvent ses courses en fin d'après-midi et le soir. La plupart des magasins ouvrent de **10h à 22h** et parfois jusqu'à minuit. Sachez que les **boutiques des quartiers populaires et historiques ferment souvent le vendredi matin** pour la prière et ouvrent leurs portes après 14h.

Payer ses achats

On ne négocie plus à Dubaï, sauf dans les souks et auprès des marchands d'or. Le prix affiché est le prix à payer ! Les **cartes de paiement internationales sont acceptées partout** et bien souvent il n'y a pas de montant minimal. En revanche, il sera difficile de trouver preneur pour les travellers chèques. Les **ATM machines** (distributeurs de billets) sont **nombreux et fiables,** prononcez « eille-ti-m ». Vous trouverez des **bureaux de change dans tous les centres commerciaux, les bureaux de poste et les souks.** Évitez les hôtels et les aéroports aux taux souvent plus élevés. 100 Dhs valent environ 25 €.

La contrefaçon

Attention, la **contrefaçon est très sévèrement réprimandée** aux ÉAU. Cela n'empêche pas le marché du faux d'avoir pignon sur rue (notamment à Karama [Bur Dubai], Dragon Mart, Satwa et dans les souks). Tout article contrefait sera saisi à la douane et vous serez passible d'une forte amende… Mieux vaut éviter !

Fêtes & festivals

Afin de ne rien rater sur les événements en cours lors de votre visite, connectez-vous sur : www.visitdubai.com/en/whats-on et https://visitabudhabi.ae/en/events

Janvier

Quoz Arts Fest

Deux jours de happening, *street food* et concerts pour une célébration des arts et de la diversité culturelle au sein des galeries et des allées d'Alserkal Avenue.

www.alserkal.online

Slync.io Dubai Desert Classic

L'Emirates Golf Club accueille depuis 1989 une compétition attirant les meilleurs golfeurs mondiaux du moment.

www.slyncdubaidesertclassic.com.

Dubai Marathon

Depuis plus de vingt ans, c'est LA course à ne pas manquer, plusieurs catégories de participations possibles.

www.dubaimarathon.org

Dubai World Cup Carnival

Cette coupe du monde équestre s'étend de janvier à mars à l'hippodrome de Meydan, très plébiscité par la jet-set.

www. dubairacingclub.com

Février

Sharjah Light Festival

Architecture modifiée, rues et jardins sous une perspective nouvelle. C'est le festival des lumières du coin !

www.sharjahlightfestival.ae

DXB Blues Fest

L'une des scènes les plus attendues de l'année. Programmation : jazz, rock et soul avec des artistes internationaux, à Dubai Sport City.

www.thesquaredubai.com

Sharjah International Biennial
De février à juin, cette biennale reconnue internationalement met en lumière l'art local et du Moyen-Orient.
www.sharjahart.org

Dubai Duty Free Tennis Championships
Championnat de tennis masculin et féminin, durant deux semaines, avec les meilleurs joueurs mondiaux.
www.dubaidutyfreetennischampionships.com

UAE Tour
Le concept de cette course cycliste ouverte aux amateurs et professionnels du monde entier : 7 jours, 7 émirats.
www.theuaetour.com

Xposure
Festival international de photographie à Sharjah combinant expositions, conférences, concours photo, *workshop* et rencontres autour de photographes reconnus, émergeants et cinéastes.
www.xposure.ae

Mars

Art Dubai
Ce salon d'art est une référence culturelle et le catalyseur majeur de la scène locale, régionale et internationale sur l'art du Moyen-Orient. Principalement au Madinat Jumeirah mais aussi un peu partout dans Dubaï.
www.artdubai.ae

Alserkal Art Week et Alserkal Late
Parallèlement à Art Dubai, tous les acteurs du lieu le plus créatif de la ville célèbrent les arts contemporains.
www.alserkal.online

Art Nights @ Gate Village (bi-annuel : mars et nov.)
Toutes les galeries du DIFC ouvrent leurs portes le temps de quelques soirées (accès libre). Expositions, art vivant, projections et DJ sont au rendez-vous.
www.difc.ae

Sikka Art & Design Festival
Au cœur du quartier historique de Bastakiya, plus d'une semaine d'expos, de concerts, d'ateliers et de projections de films célébrant les artistes émergents de la région du golfe. À faire en soirée pour la belle ambiance.
www.dubaiculture.gov.ae

Avril

Abu Dhabi Festival
Le festival, jusque-là spécialisé dans la musique de chambre et les orchestres philharmoniques, est dédié à l'avancement des arts sous toutes leurs formes. Programmation en continu sur plusieurs sites
www.abudhabifestival.ae

Mai

Dubai Food Festival

La scène culinaire de Dubaï se met en quatre pendant deux semaines, proposant de nombreux événements gastronomiques, marchés à ciel ouvert, *food trucks*, restaurants pop-up, rencontres avec de grands chefs

www. www.visitdubai.com/en/whats-on/dubai-food-festival

Novembre

Formula 1 Abu Dhabi Grand Prix

Toutes les plus grandes écuries du monde s'y retrouvent. Attention, le prix des tickets est dispendieux.

www.yasmarinacircuit.com

Abu Dhabi Art Fair

À ne pas manquer ! Les plus grandes galeries internationales sont présentées et font d'Abu Dhabi une place incontournable sur la scène mondiale de l'art.

www.abudhabiart.ae

Dubai Design Week

C'est LE rendez-vous incontournable des amoureux du design. Six jours de rencontres, d'expositions et de découvertes à Dubai Design District, où se tient également le salon du design – Downtown Design – le plus influent du Moyen-Orient.

www.dubaidesignweek.ae
www.downtowndesign.com

Art Nights @ Gate Village

Voir ci-contre.

Décembre

Dubai 7s

C'est un rendez-vous sportif très populaire. Il rassemble les équipes de différentes nations pros et amateurs autour de matchs, spectacles et concerts.

www.dubairugby7s.com

UAE National Day

Le 2 décembre, et pendant quelques jours, on célèbre la naissance de la fédération des ÉAU. Grande parade au Burj Khalifa, feux d'artifice et nombreuses animations de traditions locales un peu partout dans les Émirats.

Christmas/New Year's Eve

À Dubaï aussi, Noël est magique, notamment grâce au Madinat Jumeirah. Profitez des nombreux stands et animations, de l'immense sapin et du Père Noël. Au nouvel an, fantastiques feux d'artifice lancés depuis le Burj Khalifa, le Burj al-Arab, l'Atlantis, The Palm et The World.

INDEX

Abu Dhabi

QUELQUES TERMES DU QUOTIDIEN EN ARABE

Même si la majorité de la population parle l'anglais, vos hôtes apprécieront probablement que vous sachiez prononcer quelques mots en arabe.

Indications phonétiques

le *r* = *r* roulé
le *gh* = *r* fortement grasseyé
le *kh* = *j* espagnol (jota) ou *ch* allemand
le *h* = *h* aspiré

Vocabulaire

Bonjour (matin) : *sabah el kheir* (réponse : *sabah el nour*)
Bonjour (après-midi) : *masa el kheir* (réponse : *masa el nour*)
Salutation : *s-salam alaykoum* (réponse : *alaykoum s-salam*)
Au revoir : *b'slama*
S'il vous plaît : *Min fadl-ak* (homme), *min fadl-itch* (femme)
Merci : *choukrane*
Non merci : *la choukrane*
Monsieur : *sidi*
Madame : *saïda*
Oui : *na'am*
Non : *la*

Crédit photographique

Intérieur

Adobe Stock : © Luciano Mortula-LGM : p. 23; © Sudarsan Thobias : p. 38; © michael : p. 39; © lara-sh : p. 48; © Markus Mainka : p. 135; © tampatra : p. 142; © Fahd : p. 171.

Émilie Fériaud : p. 7 (b. g.), p. 10, p. 11 (ht d. ; b. g.), p. 20, p. 29, p. 57, p. 71, p. 77, p. 97, p. 107, p. 110, p. 114, p. 127, p. 140, p. 145, p. 157, p. 170.

Patrice Hauser : p. 5 (c. d.), p. 7 (c. d.), p. 12, p. 19, p. 34, p. 41, p. 44, p. 46, p. 62, p. 78, p. 85, p. 94, p. 120, p. 136, p. 139, p. 175.

Úrsula Rénique : p. 3 (b. g.), p. 4 (c. d. ; b. g.), p. 5 (b. g.), p. 8 (ht d. ; c. g. ; b. d.), p. 9 (ht d. ; b. d.), p. 14, p. 15, p. 17, p. 18, p. 25, p. 26, p. 32, p. 33, p. 43, p. 45, p. 49, p. 51, p. 54, p. 61, p. 64, p. 67, p. 69, p. 72, p. 83, p. 86, p. 87, p. 89, p. 91, p. 99, p. 100, p. 104, p. 109, p. 111, p. 116, p. 118, p. 119, p. 123, p. 128, p. 150, p. 164, p. 165, p. 167.

Hemis.fr : © Jon Arnold Images : p. 80, p. 96, p. 146, p. 143 ; © MORANDI Tuul et Bruno : p. 36.

Shutterstock : © Sudarsan Thobias : p. 1; © Sergii Figurnyi : p. 3 (ht g.); © Lukas Holub : p. 3 (c. d.); © 365 Focus Photography : p. 5 (ht d.); © Katiekk : p. 7 (ht g.); © Nicola Pulham : p. 53; © Rahmaniyas : p. 122; © seeshooteatrepeat : p. 131; © walisheru : p. 154 ; © Ali Suliman : p. 179.

Nous adressons tous nos remerciements aux établissements suivants pour leur aide précieuse et pour nous avoir permis de reproduire leurs photographies :

© **Accor Hôtels** : © Senol Gunel p. 176.

© **Department of Culture and Tourism – Abu Dhabi/Photo :** p. 9 (c. d.) © Photo by Paolo Rayco ; p. 169 © Photo by Hufton+Crow. **Architecte : Jean Nouvel.** Et Atelier Jean Nouvel.

© **The Nest by Sonara :** Mustapha Daouk @filmlineproduction p. 161.

Couverture

Plat 1 : Adobe Stock © Rastislav Sedlak SK.

Notre autrice, Émilie Fériaud,

vit et travaille à Dubaï depuis 2013. Également styliste et illustratrice, elle aime sortir des sentiers battus et découvrir, loin des idées reçues, les facettes insolites et extravagantes de la ville.

Dernière édition revue et enrichie par **Émilie Fériaud.**
Édition originale établie par **Alexa Mey** et **Rachel Rousseau.**

Direction: Sidonie Chollet
Direction éditoriale: Cécile Petiau
Édition: Émilie Lézénès
Lecture-correction: Marie-Pia Verguin
Mise en pages intérieure: Nord Compo
Ont collaboré à cet ouvrage: Hugo Caesar, Marion Duhamel, Sabrina Haddadi et Florence Roth
Cartographie: Frédéric Clémençon et Aurélie Huot
Fabrication : Liza Sacco
Conception graphique de la couverture et de la maquette intérieure : Minsk Studio
Illustrations : Minsk Studio
Contact presse : rmazef@hachette-livre.fr – 01 43 92 36 66
Contact publicité et partenariats : partenariat-tourisme@hachette-livre.fr

Tous nos remerciements à Antoine Béon pour son aide et son regard avisé sur la direction artistique de la collection.

Aussi soigneusement qu'il ait été établi, ce guide n'est pas à l'abri des changements de dernière heure, des erreurs ou omissions. Ne manquez pas de nous faire part de vos remarques. Informez-nous aussi de vos découvertes personnelles, nous accordons la plus grande importance au courrier de nos lecteurs : **weekend@hachette-livre.fr**

Facebook @GuidesUnGrandWeekend • **Instagram** @ungrandweekend • **Twitter** @ungrandweekenda

Édité par Hachette Livre (58, rue Jean-Bleuzen, CS 70007, 92178 Vanves Cedex)
Imprimé par Polygraf (Capajevova 44, 08199 Presov, Slovaquie)
Achevé d'imprimer : novembre 2022
SBN: 978-2-01-718539-0 • Codification : 56-8588-4
Dépôt légal: novembre 2022 • Collection n° 32 • Édition: 01